Zeyneb El Yebari
Azeddine Chikh

La logique de conception des scénarios d'apprentissage

Zeyneb El Yebdri
Azeddine Chikh

La logique de conception des scénarios d'apprentissage

Éditions universitaires européennes

Impressum / Mentions légales

Bibliografische Information der Deutschen Nationalbibliothek: Die Deutsche Nationalbibliothek verzeichnet diese Publikation in der Deutschen Nationalbibliografie; detaillierte bibliografische Daten sind im Internet über http://dnb.d-nb.de abrufbar.
Alle in diesem Buch genannten Marken und Produktnamen unterliegen warenzeichen-, marken- oder patentrechtlichem Schutz bzw. sind Warenzeichen oder eingetragene Warenzeichen der jeweiligen Inhaber. Die Wiedergabe von Marken, Produktnamen, Gebrauchsnamen, Handelsnamen, Warenbezeichnungen u.s.w. in diesem Werk berechtigt auch ohne besondere Kennzeichnung nicht zu der Annahme, dass solche Namen im Sinne der Warenzeichen- und Markenschutzgesetzgebung als frei zu betrachten wären und daher von jedermann benutzt werden dürften.

Information bibliographique publiée par la Deutsche Nationalbibliothek: La Deutsche Nationalbibliothek inscrit cette publication à la Deutsche Nationalbibliografie; des données bibliographiques détaillées sont disponibles sur internet à l'adresse http://dnb.d-nb.de.
Toutes marques et noms de produits mentionnés dans ce livre demeurent sous la protection des marques, des marques déposées et des brevets, et sont des marques ou des marques déposées de leurs détenteurs respectifs. L'utilisation des marques, noms de produits, noms communs, noms commerciaux, descriptions de produits, etc, même sans qu'ils soient mentionnés de façon particulière dans ce livre ne signifie en aucune façon que ces noms peuvent être utilisés sans restriction à l'égard de la législation pour la protection des marques et des marques déposées et pourraient donc être utilisés par quiconque.

Coverbild / Photo de couverture: www.ingimage.com

Verlag / Editeur:
Éditions universitaires européennes
ist ein Imprint der / est une marque déposée de
OmniScriptum GmbH & Co. KG
Heinrich-Böcking-Str. 6-8, 66121 Saarbrücken, Deutschland / Allemagne
Email: info@editions-ue.com

Herstellung: siehe letzte Seite /
Impression: voir la dernière page
ISBN: 978-3-8416-7123-3

Zeyneb EL YEBDRI

Capitalisation de la logique de conception des scénarios d'apprentissage

Résumé

Dans le contexte de la mise en place d'un scénario d'apprentissage, l'enseignant en tant que concepteur pédagogique se trouve dans des situations de choix multiples dans lesquelles il prend des décisions selon certains arguments et/ou critères. Souvent seuls les résultats de ces décisions sont consignés. Cependant, les critères qui conditionnent la prise de décision et les différentes alternatives possibles constituent une connaissance stratégique pour toute décision future dans le cadre de la conception de nouveaux scénarios ou de l'amélioration ou la correction de scénarios existants.

L'objectif de notre travail est de tracer les choix dans la conception en ingénierie pédagogique (Learning design) en utilisant la logique de conception « Design Rationale » à travers la notation QOC (Questions, Options, Critères) pour permettre (d'assurer) le partage d'expérience en matière de design pédagogique à base de la spécification IMS Learning Design.

Mots clés : Learning Design, Design rationale (logique de conception), QOC (Questions, Options, Critères), scénario d'apprentissage, IMS Learning Design.

Abstract

In the context of the accomplishment (realization) of learning scenario, the teacher as educational designer finds himself in situations of multiple choices where he takes decisions based on some (according to certain) arguments and/or criteria.

Only the results of these decisions are often recorded. However, the criteria which condition the decision making and the various possible alternatives of the taken decisions make up a strategic knowledge for any future decision within the context of designing new scenarios or the improvement or the correction of existing once.

For that purpose, the aim of our work is to trace the choices in the learning design using the design rationale through the QOC (Questions, Options, Criteria) notation in order to allow and ensure the experience sharing in the learning design based on IMS Learning Design (IMS-LD) specification.

Keywords: Learning Design, Design rationale, QOC (Question, Option, Criteria), learning scenario, IMS Learning Design.

Remerciement

Tout d'abord, je tiens à remercier le bon DIEU, qui m'a donné la force, la volonté et le courage pour terminer ce modeste travail;

A Mr Chikh Azeddine, qui mérite plus qu'un simple remerciement, que je vois comme le père qui a combattu pour nous tous pour que cette équipe d'école doctorale soit présente, comme le frère par ses encouragements continus sans cesse pendant ces deux dernières années, et bien sure comme encadreur qui m'a dirigé avec autant de sérieux, de rigueur scientifique et qui m'a donné la chance de profiter de son expérience;

Je remercie Mr Besaid Abdelhafid, de m'avoir fait l'honneur de présider le jury de ma soutenance.

Je remercie Mr Chikh Amine et Mr Abderahim Amine, de m'avoir fait l'honneur d'examiner mon travail.

Je rends hommage à tous mes enseignants à qui je dois mon savoir ;

A tous les membres ISIC : Ouraiba, Smahi, Etchiali, Boudefla, Hassaine, Khitri, Khelassi et plus particulièrement Mme Kara Terki et Hachemi ;

J'adresse aussi mes remerciements à mes chères amies Halfaoui et Abdelmalek pour leur soutien moral surtout pendant ces deux années ;

Ma reconnaissance va à toutes les personnes qui m'ont accompagné pendant ces années en m'offrant leur soutien affectif, moral, intellectuel et scientifique. Elles sont nombreuses et sauront se reconnaître ;

C'est un énorme remerciement que j'adresse à ma Mère et mon Père ainsi que mes sœurs, sans oublier mes frères. Vous avez su à votre manière, par vos paroles et vos gestes, m'encourager et m'accompagner dans tous les moments de ce mémoire.

Tout simplement à tous ceux et celles qui méritent mes remerciements

Table des matières

Liste des figures

Liste des tableaux

Introduction générale

Contexte

Notre travail de recherche s'inscrit dans le cadre de l'ingénierie des EIAH[1] (Environnements Informatiques pour l'Apprentissage Humain) et plus particulièrement la Formation En Ligne.

C'est à travers le développement des Technologies d'Information et de Communication pour l'enseignement (TICE) que le « e-learning » est apparu comme un nouveau mode d'apprentissage. Ce dernier a marqué une évolution considérable et remarquable tant sur le plan technologique à savoir : les systèmes de gestion d'apprentissage (LMS)[2], que celui sur des besoins pédagogique et didactique à savoir : des normes et standard pour le design afin de mettre en place des situations d'apprentissage instrumenté.

Toutefois, ces situations ont entraîné de nouvelles pratiques de conception pédagogique (learning design) ; ce qui a influencé sur le rôle de l'enseignant qui est devenu un véritable concepteur et prescripteur de contenu pédagogique. Il doit exprimer par écrit, sous différentes formes, le déroulement de ce qu'il compte faire ou de ce qu'il avait fait, afin de le mutualiser et de le partager avec d'autres. L'enseignant / concepteur pédagogique utilise un langage de modélisation pédagogique tel que IMS-LD (IMS Learning Design) pour traduire les intentions de conception et les activités des acteurs d'une session d'apprentissage, dans un modèle susceptible de refléter la situation qu'il veut mettre en place. Le tout est décrit par un scénario d'apprentissage.

La spécification IMS-LD fournit un cadre conceptuel de modélisation d'une unité d'apprentissage, dans laquelle le scénario de cette unité, repose sur une métaphore théâtrale. Elle constitue aujourd'hui une première réponse aux problématiques d'interopérabilité et de réutilisabilité pour la conception des scénarios d'apprentissage. La conception des scénarios d'apprentissage constitue une des nouvelles évolutions des EIAH [Koper 03] [Ferraris&al 07].

---

[1] Environnement informatique ayant pour objectif de favoriser l'apprentissage humain, à savoir la construction de connaissances par l'apprenant
[2] Learning Management System

[Charlier 00] précise que l'évolution des pratiques de conception d'un enseignant dans un contexte d'utilisation des TICE «peut concerner ses routines, ses décisions de planification ou ses connaissances, de même que les actions mises en oeuvre, les interactions avec les pairs et la réflexion exercée sur l'action».

Problématique et objectif

Dans l'enseignement présentiel classique, l'enseignant prépare son cours aux apprenants en mettant en évidence les objectifs à atteindre. Il a l'avantage de l'améliorer au cours de la séance, en ajoutant par exemple d'autres activités, ressources… (Ces modifications ne peuvent être exploitées que par lui-même). En outre l'enseignant novice ou sans expérience demande des conseils, des procédés méthodiques ainsi que les problèmes (erreurs) que d'autres ont rencontré afin de les éviter.

Dans l'enseignement distantiel, l'enseignant concepteur est confronté à la difficulté d'élaborer ses activités d'apprentissage (il doit tout prévoir) sous forme de scénarios d'apprentissage en utilisant par exemple la spécification IMS LD.

Pour cela, l'enseignant ou le concepteur pédagogique doit posséder un savoir, habileté et une certaine compétence en ingénierie pédagogique afin de mieux décrire les différents composants du scénario d'apprentissage (activités, ressources et services pédagogiques) en faisant le bon choix de façon à offrir une proposition efficace de formation.

Souvent seuls les résultats choisis par le concepteur de scénario d'apprentissage sont enregistrées. Autrement dit, on ne garde aucune trace des critères de choix et des autres alternatives décisionnelles qui étaient offertes à l'enseignant-concepteur.

Ces derniers éléments décisionnels (critères et alternatives) peuvent être considérés comme une partie de la logique de conception en design pédagogique. Ils constituent par conséquent une connaissance stratégique très importante et réutilisable dans le cadre de développement futur de nouveaux dispositifs de formation en ligne ou d'amélioration ou de correction de dispositifs existants.

Nous proposons aux enseignants concepteurs un moyen de capitalisation de leur logique de conception pédagogique par utilisation du modèle QOC (Questions, Options, Critères). Le choix de ce modèle est motivé par sa simplicité et par la pertinence de ses éléments.

Plan du document

Hormis l'introduction et la conclusion, notre mémoire est décomposé en 4 chapitres.

1. Le 1er chapitre relate le domaine d'ingénierie pédagogique. Nous allons citer les normes et standards éducatifs existants, ses principaux concepts notamment les situations et scénarios d'apprentissage et les langages de modélisation pédagogique existants notamment IMS LD.

2. Le 2ème chapitre propose une compréhension globale de la logique de conception (DR : Design Rationale). Nous verrons aussi l'intérêt d'une telle approche ainsi son principe. Puis, nous présentons brièvement les différents modèles de représentation du DR dont nous décrivons le modèle QOC que nous avons adopté dans notre solution.

3. Le 3ème chapitre présente un état de l'art des travaux portant sur la conception de scénarios d'apprentissage en ciblant particulièrement ceux qui assistent l'enseignant en termes de partage et réutilisation, ensuite ceux qui collectent les traces pour améliorer le scénario conçu.

4. Le dernier chapitre présente notre contribution qui consiste à appliquer le modèle QOC en ingénierie pédagogique.

Chapitre1 Ingénierie pédagogique

1. Introduction

Avec l'avènement des Technologies d'Information et de Communication pour l'Enseignement (TICE), nous avons migré vers des nouvelles modalités d'enseignement. Ces derniers se caractérisent par l'absence d'une relation directe entre l'enseignant-apprenant (situation dite « présentielle ») tout au long du processus d'apprentissage. Aujourd'hui, on parle d'EAD (Eseignement A Distance), FAD (Formation A Distance), de FOAD (Formation Ouverte et A Distance), et récemment connu sous le nom « e-learning ».

2. e-learning

Le "e" de e-Learning est l'abréviation de "électronique", mais avec le développement de l'Internet et des réseaux, l'aspect électronique correspond surtout à celui de "en ligne". Ce préfixe étant une référence explicite aux technologies de l'information et de la communication (TIC).

Plusieurs termes sont utilisés pour le traduire ; dont la traduction la plus fidèle est apprentissage en ligne. D'après [EducNet 07] « *Le e-learning est l'utilisation des nouvelles technologies multimédias et de l'Internet, pour améliorer la qualité de l'apprentissage en facilitant l'accès à des ressources et des services, ainsi que les échanges et la collaboration à distance* ».

Il repose sur deux composantes : la première étant l'ingénierie pédagogique, qui désigne la démarche pédagogique adoptée dans la conception et la diffusion des cours, la deuxième composante est la solution technologique, qui s'appuie sur des plates-formes aux fonctionnalités variées.

L'e-learning permet différentes formules pédagogiques :

- L'autoformation individuelle dont le contenu des ressources pédagogiques est disponible en ligne, en libre service, à tout moment.
- La formation individuelle en ligne avec tutorat asynchrone, pendant laquelle le travail de l'apprenant est suivi par un tuteur, qui répond à ses questions et contrôle sa progression en différé mais dans un délai très court.

11

- Les classes virtuelles en ligne avec tutorat synchrone, où les apprenants se retrouvent en ligne pendant une plage horaire déterminée pour un séminaire ou un groupe de travaux dirigés, avec ou sans vision directe de l'intervenant.

- L'accompagnement en ligne qui personnalise entièrement la formation à l'occasion du tutorat synchrone où le tuteur et l'apprenant échangent en temps réel sur le contenu présenté.

- Etc…

Un ensemble de concepts sont utilisés autour de e-learning ; nous décrivons dans ce qui suit les dispositifs de formation en ligne et les plates formes.

- **Dispositif de formation en ligne (FEL)** [Rasseneur 04] :c'est un ensemble architecturé comprenant des ressources de formation organisées suivant des modalités explicites, un tutorat ou accompagnement, une logistique d'ensemble et des conditions d'évaluation. Le e-learning se construit par référence à cette notion de dispositif et pas seulement en référence à des contenus mis en ligne. C'est ce dispositif qui permet de différencier la formation en ligne de l'information en ligne [www 06].

- **Plates formes (en anglais : Learning Management System LMS) :** La mise en œuvre de dispositif de formation en ligne passe certainement par l'implémentation d'une plate forme de formation à distance (LMS).

    LMS constitue un ensemble d'outils informatique dédiés à la formation en ligne et portés via une logique Internet ou Intranet. Elle permet aux administrateurs de formation (responsable de formation) de planifier les formations en ligne, constituer des groupes de travail, affecter des ressources aux membres de ces groupes de travail.

    Par ces outils, les utilisateurs peuvent alors se connecter au serveur et choisir leur module de formation. Les tuteurs peuvent généralement assurer un suivi des formations grâce à des statistiques portant sur les résultats des tests ou les temps de formation, évaluer les apprenants, intégrer de nouveaux contenus, gérer des classes virtuelles et aussi gérer des parcours et des filières[www 06].

    Le nombre de plates-formes de e-learning ne cesse de croître, d'où une nécessité d'avoir des normes et standard pour assurer la communication entre eux.

3. Normes et standards pour e-learning

Les principaux enjeux de la standardisation et de la normalisation sont de rendre inter-opérables les techniques entre elles, afin de faciliter l'usage des ressources éducatives quel que soit la plate-forme ou l'environnement technologique utilisés. En d'autres termes, si un enseignant souhaite proposer ses cours pour plusieurs plates-formes, l'utilisation d'une norme permet à l'enseignant de n'écrire qu'une seule fois son cours. Donc ces standards sont un moyen crucial de garantir:

- **L'interopérabilité** : vis-à-vis du contenu manipulé/échangé par différents systèmes et vis-à-vis de la communication/interaction de plusieurs LMS.

- **La réutilisation** : vis-à-vis de l'assemblage rapide de contenus et de codes et vis-à-vis de l'assemblage et de l'utilisation dans de nouveaux contextes des objets incorporant les contenus.

- **L'adaptabilité** : le système peut être configuré pour avoir des fonctionnalités étendues visant de nouveaux buts.

Avant d'étudier les principaux standards et normes, nous les définissons afin de les distinguer [Sterenn 05]:

- ➢ **Une norme** est un ensemble de règles de conformité, édicté par un organisme de normalisation au niveau national ou international.

- ➢ **Un standard** est un ensemble de recommandations émanant d'un groupe représentatif d'utilisateurs réunis autour d'un forum, comme l'IETF (Internet Engeneering Task Force), le W3C (World Wide Web Consortium), le LTSC (Learning Technologie Standards Commitee) et l'IEEE.

Les différents normes et standard que nous allons citer se base sur le terme d'objet pédagogique (ou Learning Object). Plusieurs auteurs l'ont définit, dont nous citons quelques uns. Par exemple IEEE considère un objet pédagogique «*comme étant une entité sur un support numérique ou non utilisée aussi bien pour l'apprentissage, l'enseignement et la formation* », cette définition est jugé générale dans le sens où tout est objet pédagogique [Gounon 05]. En revanche [Koper 03] le redéfinit « *comme étant toute ressource numérique reproductible et adressable, qui est utilisée en vue d'effectuer une activité d'apprentissage ou bien une activité d'encadrement* ». Un dernier point de vue donné par [Pernin&al 04] est qu'« *un objet d'apprentissage est une entité numérique ou non, qui peut être utilisée, réutilisée ou référencée lors d'une formation dispensée à partir d'un support technologique. Il peut s'agir d'un composant concret de l'environnement (ressource de manipulation de connaissances, service, outil) ou d'un scénario décrivant a priori ou a posteriorile déroulement d'une situation d'apprentissage. »*

Nous allons décrire les normes et standards qui permettent de décrire ces objets d'apprentissage, suivant ces différentes approches: la gestion de système d'information ou documentaliste (LOM), l'ingénierie des composants logiciels (SCORM) et l'ingénierie pédagogique (IMS).

3.1 LOM (Learning Object Metadata)

LOM (Learning Object Metadata) est un standard qui a été proposé en 2002 par le LTSC[3] (Learning Technology Standards Committee) de l'IEEE.

LOM propose un modèle conceptuel de données qui spécifie les éléments permettant de décrire et indexer des ressources pédagogiques pour faciliter leur manipulation, recherche, réutilisation ainsi leur partage. Il met en avant les avantages de l'approche par objets en informatique pour promouvoir de nouveaux usages fondés sur les principes de partage et réutilisation et d'agrégation [Giacomini 05].

Les éléments de LOM sont regroupés en neuf catégories :

– La catégorie ***Général*** regroupe les informations générales de la ressource telles que son identifiant, son titre, sa langue, ainsi que des informations sur la structure de la ressource ;

– La catégorie ***Cycle de vie*** permet de gérer l'historique de la ressource en indiquant son numéro de version, son état et les différentes contributions qui ont permis de la construire (Rôle, Entité, Date) ;

– La catégorie ***Méta-métadonnées*** définit le schéma de métadonnées utilisé, sa langue et éventuellement les modifications qui ont été apportées au schéma ;

– La catégorie ***Technique*** explicite les exigences de la ressource, sa durée de vie, sa localisation, son format et sa taille ;

– La catégorie ***Pédagogique*** exprime certaines informations nécessaires à son utilisation dans le cadre d'un enseignement. C'est la particularité de LOM par rapport à Dublin Core. Dans cette catégorie sont définis d'une part, le public concerné par la ressource en termes de niveau et d'âge, d'autre part la durée et les propositions d'utilisation de la ressource ;

---

[3] LTSC, http://ieeeltsc.org/

– La catégorie **Droits** explicite les conditions d'usages de la ressource tel que son coût, le droit d'auteur, etc ;

– La catégorie **Relation** permet de lier plusieurs ressources entre elles. Les liens entre ressources sont typés (est partie de, est version de, est format de, est référencée par, etc.) ;

– La catégorie **Commentaire** permet d'ajouter des remarques sur la ressource, et donc, de créer une archive de remarques, ce qui est intéressant pour connaître les avis des utilisateurs de la ressource ;

– La catégorie **Classification** permet de définir la sémantique de la ressource ;

3.2 SCORM (Sharable Content Object Reference Model)

Le standard SCORM (Sharable Content Object Reference Metadata) a été développé pour décrire une organisation des contenus pédagogique, par exemple, un cours est en rapport avec des exercices au sein d'un module d'apprentissage. Ce standard est d'origine américaine développé par le consortium ADL (Advanced Distributed Learning) qui a produit en 1999 le modèle SCORM (Sharable Content Object Reference Model), modèle dans lequel la description des cours pouvait se faire à l'aide de « composants ou SCO » qui correspondent aux éléments du cours (ce sont des assets dans le modèle SCORM).

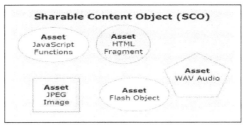

Figure 1 SCORM : vue d'un SCO [Guillaume 06]

Le SCORM met en place les règles d'un modèle de gestion de l'apprentissage par l'utilisation du Web. Cette initiative doit permettre aux enseignants d'intégrer les cours qu'ils créent dans d'autres applications, sous différentes plates-formes. Le contenu doit être indépendant des contraintes de mise en forme de façon à autoriser son intégration dans différentes applications. Le contenu devra aussi utiliser des interfaces et des données normalisées. Le SCORM comprend un Format de Structure de Cours (Course Structure Format) basé sur le langage XML et qui permet de transférer plus facilement des contenus en définissant les éléments, la structure et les références externes.

La structuration du contenu est basé sur le standard LOM, et permet la réutilisation du code, la recherche de contenu, la définition de parcours pédagogiques, et l'interopérabilité.

3.3 IMS (Instructional Management Systems)

IMS (Instructional Management Systems) est un organisme international de normalisation regroupant un nombre de lycées, d'universités et d'organismes, publics ou privés, cherchant à transformer l'éducation, par l'utilisation des nouvelles technologies. Elle vise essentiellement à obtenir une large adhésion à des spécifications techniques relatives à la gestion d'outils et de contenus pédagogiques sur Internet.

IMS a agi comme un catalyseur pour le développement d'un corpus de logiciels éducatifs, la création d'une infrastructure en ligne pour gérer l'accès aux matériaux, et aux environnements éducatifs, la simplification des travaux éducatifs en groupe et l'évaluation des connaissances et des savoir-faire acquis [Giacomini 05].

Dans ce contexte, IMS a mis au point les spécifications, de ce qu'on appelle aujourd'hui, l'IMS Learning Desing (IMS-LD), pour la modélisation des cours de formation. Un point qui contrarie le LOM dans le faite, que ce dernier se focalise exclusivement sur les contenus sans prise en considération de la démarche pédagogique à associer alors que IMS-LD s'intéresse à la structuration des activités pédagogiques ; on dit qu'elle est centrée activité.

Cette approche invoque la nécessité de normaliser les scénarios d'apprentissage (voir section 6.2) en vue de leur échange et leur réutilisation [Paquette 04]. Ces scénarios constituent la pierre d'angle des environnements d'apprentissage.

L'objectif de chacune de ses standard se résume par :

- Le modèle LOM est conçu pour un objectif économique, c'est à dire, pour la rentabilisation de la production et de la réutilisation des objets pédagogiques.
- Le modèle SCORM, qui est un profil d'application du LOM, est apparu pour faciliter l'exploitation technique des objets sur Internet avec l'apparition des plates-formes de formation ouverte et à distance.
- IMS et plus particulièrement IMS-LD (dont on s'intéresse) s'est focalisé sur l'amélioration des performances des dispositifs de formation en offrant des

méthodes et outils de modélisation des situations d'apprentissage centrée sur les activités en plus des ressources.

4. Ingénierie pédagogique

L'ingénierie pédagogique est la gestion globale d'un dispositif relatif aux pratiques d'éducation au sens large, avec comme finalité, la conception d'un dispositif pédagogique adapté et optimisé [Wikipédia 07].

Elle vise à résoudre des problèmes de conception de systèmes d'apprentissage, elle désigne l'ensemble des principes, des procédures et des tâches permettant de :

• Définir le contenu d'une formation au moyen d'une identification structurelle des connaissances et de compétences visées,

• Réaliser une scénarisation pédagogique des activités d'un cours définissant le contexte d'utilisation et la structure des matériels d'apprentissage et, finalement,

• Définir les infrastructures, les ressources et les services nécessaires à la diffusion des cours et au maintien de leur qualité [Paquette 02].

Elle se situe au centre de trois domaines : design pédagogique, ingénierie cognitive, et ingénierie des systèmes d'information.

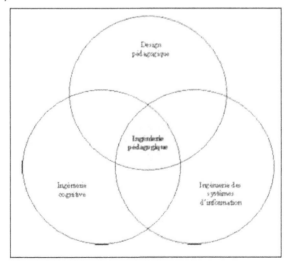

Figure 2 Ingénierie Pédagogique [Paquette 02]

Aussi, selon Gilbert Paquette [Paquette 02], l'ingénierie pédagogique s'appuie sur deux processus au coeur de la gestion de connaissances :

- D'abord l'extraction des connaissances que possèdent certaines personnes expertes dans leur domaine, ou que d'autres personnes médiatisent dans des documents, de façon à les rendre largement disponibles (sous forme d'informations) pour la formation d'autres personnes.

- Ensuite l'acquisition par ces personnes de connaissances nouvelles par l'apprentissage, c'est-à-dire la transformation des informations en connaissances au moyen des activités formelles, ou informelles, empruntant une variété de formes et de supports.

Enfin, l'ingénierie pédagogique fournit une méthodologie pour concevoir des designs pédagogiques utilisant des standards, qui permettront la diffusion sur différents systèmes par la suite.

5. Design pédagogique

Le design pédagogique sert à structurer le contenu afin d'en faciliter l'apprentissage, ce qui permet d'atteindre les objectifs d'apprentissage. Il se fait sur la base d'un cahier de charges produit lors de l'étape d'analyse [Chikh 07]. Il vise à structurer le contenu en vue de faciliter l'apprentissage et se déroule généralement en trois étapes :

1. identification des objectifs spécifiques de la formation ;
2. structuration du contenu en unités logiques d'apprentissage ;
3. élaboration des stratégies pédagogiques nécessaires au parcours des unités d'apprentissage permettant d'atteindre les objectifs.

Cela implique que le concepteur ou l'ingénieur pédagogique doit posséder un savoir, habilité et une certaine compétences en ingénierie pédagogique afin de mieux décrire les différents composants du scénario d'apprentissage tels que : les activités, les ressources, outils et rôles et d'anticiper l'interaction entre eux [Paquette 05].

 Nous remarquons qu'à travers ces nouveaux besoins (savoirs, habileté,…), le rôle de l'enseignant s'évolue avec.

A travers cette analyse, nous pouvons constater, des évolutions notables de la perception du rôle de l'enseignant dans la création, et le suivi des dispositifs de formation en ligne.

6. Éléments clés de l'approche centrée activité

6.1 Situation d'apprentissage

Les enseignants suivant une approche centrée activité sont amenés à formuler des situations d'apprentissage. [Faerber 04] la définit comme: « *un ensemble de conditions et de circonstances susceptibles d'amener une personne à construire des connaissances.* »

Elle fait référence à trois concepts :

1) Une problématique qui est énoncée par l'enseignant pour être soumise à l'apprenant

2) Un traitement de cette problématique par les apprenants, encadrés par un enseignant

3) Un environnement technologique, social et un ensemble de ressources numériques, dans lesquels se trouvent l'apprenant.

Le premier concept cité ci-dessus d'une situation d'apprentissage est caractérisé par : un texte structuré, un ensemble de relations à des ressources numériques ainsi que la description des acteurs de la situation et de leurs rôles. La conception par un enseignant d'une situation d'apprentissage, qu'elle soit individuelle ou collective, passe par l'écriture d'une problématique dans un contexte disciplinaire et d'un but à atteindre pour les apprenants [Faerber 04].

Il existe un ensemble de type de situation d'apprentissage, dont nous pouvons cités:

- **Une situation problème** : Dans cette situation, les notions et procédures de résolution ne sont pas connus, pas de solution unique. Ces principales caractéristiques sont résumées dans [Maufette 07].

- **Débat** : Dans ce cas, un point de vue est défendu par un membre ou une équipe ;

- **Projet** : Il peut concerner un membre ou un groupe d'apprenants. Dans ce cas, il y a présence du commanditaire. Le projet aboutit à une réalisation concrète, suit une démarche (étude de besoins, analyse, conception, cahier des charges, réalisation) ;

- **Exercices** : Ensemble de questions posées aux apprenants, avec l'objectif d'asseoir des connaissances transmises par un enseignant. Dans le cadre d'un exercice, on réclame de la part des apprenants une réponse par restitution de mémoire, lecture d'une source ou application de règles.

6.2 Scénarios d'apprentissage

Un scénario d'apprentissage a comme objectif la conception, mise en place, mise en oeuvre et évaluation d'une situation d'apprentissage (partiellement) instrumentée avec les technologies (notamment) numériques [Pernin 06], c'est le résultat manipulable de la modélisation d'une situation d'apprentissage [Pernin 03b].

6.2.1 Définition d'un scénario d'apprentissage

Les chercheurs en EIAH[4] considère qu'un scénario d'apprentissage (pédagogique) n'est rien d'autre que la spécification d'une future activité pédagogique telle qu'elle se déroulera en présentiel ou à distance au moyen des outils informatiques [Guillaume 06]. Une autre définition plus précise donné par [Pernin&al 04] : « *Un scénario d'apprentissage représente la description, effectuée a priori ou a posteriori, du déroulement d'une situation d'apprentissage ou unité d'apprentissage visant l'appropriation d'un ensemble précis de connaissances, en précisant les rôles, les activités ainsi que les ressources de manipulation de connaissances, outils et services nécessaires à la mise en œuvre des activités.* »

Aussi, l'un des constats que visait justement le colloque sur la scénarisation [Acte 07] était d'étudier la variété des définitions affectées à ce terme. Pour cela, les auteurs l'ont combiné avec un autre concept afin de préciser son sens telles que scénario d'évaluation [Durand&al 06], [Priolet&al 06], scénario d'encadrement [Quintin 06], scénario collaboratif [Martel&al 06], scénario d'activité sur simulateur [Guéraud 06], …

Un scénario d'apprentissage se compose de deux sections [Chikh 07]:

➢ **la section « Identification »** rassemble les attributs (méta-données) qui servent à indexer le scénario. Ainsi, il indique la discipline ou le programme d'étude ; les objectifs d'apprentissage ; ainsi que le public visé et les compétences qu'il vise à développer.

➢ **la section « Présentation de l'activité »** décrit le déroulement de l'activité et permet de consigner les ressources nécessaires à la réalisation de cette activité. Il donne une description des objectifs de l'activité, le contexte de réalisation des

---

Environnement Informatique d'Apprentissage Humain

tâches à accomplir par l'apprenant ainsi que des indications ou instruments pour l'évaluation afin que l'activité puisse consolider des acquis et donner lieu à de nouveaux apprentissages.

Plusieurs travaux de recherche donnent une réalité concrète à ce concept de scénario : IMS LD [IMS 03], LDL [Martel&al 06], CPM [Laforcade&al 05], MOT [Paquette&al 06], etc.

6.2.2 Conception d'un scénario d'apprentissage

De manière analogue à la conception d'un logiciel, la conception d'un scénario pédagogique s'inscrit dans un cycle de vie. Selon [Pernin&al 04] le cycle de vie d'un scénario d'apprentissage se décompose en quatre phases principales. Voir Figure 3 :

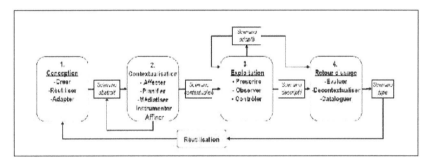

Figure 3 Les quatre principales phases du cycle de vie des scénarios [Pernin&al 04]

1) **Phase de conception** : La phase de conception initiale permet de définir en termes généraux la structure d'un scénario abstrait[5], c à d il ne tient pas compte des conditions précises de mise en œuvre. Ce type de scénario peut être créé de toutes pièces ou bien adapté à partir de scénario-types préexistants. Le scénario prédictif abstrait comprend un ensemble de trois volets complémentaires, à savoir :

   a) Le volet *Prescription* précise l'organisation des activités qui doivent être réalisées par les acteurs de la situation d'apprentissage, ainsi que la définition de l'environnement associé à la mise en place de ces activités (ressources de connaissance, outils et services). La nature de la prescription

---

[5] Scénario abstrait décrit les composants de la situation d'apprentissage en termes abstraits ;

est liée à l'expertise didactique du concepteur, et s'attache à décrire les conditions d'acquisition des connaissances enjeux de l'apprentissage.

b) Le volet *Observation* assure les modalités de Collecte et de Structuration des informations telles que les traces d'activité d'apprentissage prévues ou les productions attendues. Les traces brutes, ou structurées, peuvent servir de base à une régulation de la situation d'apprentissage, ou bien encore faire l'objet d'une capitalisation en vue d'une réutilisation ultérieure.

c) Le volet *Régulation* définit les actions à effectuer à la suite d'un diagnostic réalisé à partir des informations observées ou mémorisées. Ces actions peuvent être de deux types : une décision de rétroaction visant à intervenir directement sur la situation d'apprentissage (envoi de message, conseils, etc.) ou encore, une décision d'adaptation du scénario d'apprentissage modifiant l'organisation initiale des activités prescrites, et les composants de l'environnement

2) **Phase de contextualisation** : c'est une phase d'instanciation, elle permet de déterminer les conditions d'exploitation d'un scénario abstrait dans un contexte précis en termes d'acteurs, de planning, de ressources, d'outils et de services, etc. Le résultat de cette phase est un scénario contextualisé qui est considéré comme la forme concrète et affinée d'un scénario abstrait, prêt à être mis en œuvre dans un contexte spécifique de formation.

3) **Phase d'exploitation** : elle correspond à l'usage en situation des scénarios contextualisés par les différents acteurs concernés (apprenants, enseignants, tuteurs, etc.).

4) **Phase retours d'usage** : cette dernière phase s'intéresse à évaluer les résultats obtenus lors de la phase d'exploitation des scénarios, l'un des objectifs principaux étant de fixer les conditions de leur réutilisation ultérieure dans d'autres contextes.

6.2.3 Critères d'élaboration d'un scénario pédagogique

➢ **Finalité d'un scénario :** un scénario peut être soit prédictif ou bien prescriptif

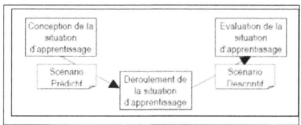

Figure 4 Scénario prédictif et scénario descriptif [Pernin&al 04]

- **Un scénario prédictif** : est un scénario établi a priori par un concepteur en vue de la mise en place d'une situation d'apprentissage, instrumentée ou non par les technologies numériques. Il vise à rationaliser la conception ; améliorer l'efficacité du déroulement des situations d'apprentissage ; responsabiliser les apprenants ; et rationaliser l'évaluation des apprenants.

- **Un scénario descriptif** est un scénario décrivant a posteriori le déroulement effectif d'une situation d'apprentissage, en y incluant en particulier les traces de l'activité des acteurs et leurs productions. Il vise à procéder à une évaluation didactique des situations d'apprentissage ; aider à l'évaluation des apprenants ; et contribuer à la constitution des profils, permettant d'individualiser l'apprentissage.

➢ **Granularité d'un scénario:** on distingue au moins trois niveaux de granularité d'une unité d'apprentissage (Figure 5) : une activité élémentaire; une séquence d'activités ; une unité de structuration pédagogique.

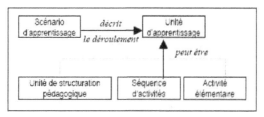

Figure 5 Scénario et granularité des unités d'apprentissage [Pernin 04]

➢ **Degré de personnalisation d'un scénario:** selon la prise en compte du profil de l'apprenant ou non, un scénario peut être générique ou adaptatif.

- **générique :** prédictif dont l'exécution est toujours identique d'une session à l'autre.

- **adaptatif :** prédictif prenant en compte des profils-type et permettant l'exécution conditionnelle de plusieurs scénarios personnalisés.

> **Degré de formalisation d'un scénario:** un scénario peut être informel (langage naturel) ; formalisé (langage de modélisation pédagogique); ou bien automatisable (langage de modélisation pédagogique calculable).

> **Degré de réification d'un scénario:** selon sa dépendance ou non des objets du monde réel, un scénario peut être classé comme concret ou abstrait. Un scénario concret est obtenu par. Cette opération consiste à choisir les participants de l'activité en fonction des critères établis par le scénario ; à attribuer aux participants les rôles prévus par le scénario ; et enfin à sélectionner les services et les contenus dont l'usage est prévu par le scénario.

7. Modélisation des scénarios d'apprentissage

Ces dernières années (depuis 2000) ont vu la modélisation pédagogique et plus particulièrement des scénarios d'apprentissage prendre de plus en plus d'importance, et finalement devenir le centre d'intérêt des chercheurs dans le domaine de e-learning pour mieux répondre à l'intégration effective des TICE.

C'est par la modélisation pédagogique que les différentes activités, ressources et services pédagogiques sont identifiés, validés et agrégés de façon à offrir une proposition efficace de formation. Elle permet entre autre de décrire d'une manière statique des scénarios d'apprentissage ainsi que la description de leur fonctionnement dynamique lors de leur déploiement dans un environnement informatique.

A cet effet, elle se doit d'être supportée :

> par des méthodes et des techniques de conception (Design) permettant d'assurer la qualité pédagogique ;

> par des langages de modélisation pédagogique (tel que IMS-LD) permettant d'en assurer la réutilisation et l'interopérabilité au sein de banques d'objets d'apprentissage.

7.1 Processus de modélisation pédagogique

Selon [Pernin 03a], le processus de modélisation passe par trois étapes, le concepteur ou l'ingénieur pédagogique va déterminer les connaissances et enjeux d'apprentissage et leurs règles d'acquisition afin de concevoir le scénario de la situation d'apprentissage. Dans l'idéal le scénario est alors exprimé dans un langage de modélisation pédagogique [IMS 03] (voir section suivante) ; puis il va mettre en œuvre la situation d'apprentissage scénarisée et l'observer dans un dispositif d'exécution en utilisant des outils player tel que Coppercore [Copper 04] ; et enfin évaluer le scénario pour pouvoir mieux le réutiliser.

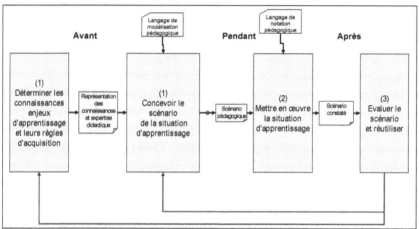

Figure 6 Processus de modélisation pédagogique [Pernin 03a]

7.2 Langage de modélisation pédagogique (EML[6])

Suite aux insuffisances des modèles LOM et SCORM, qui se préoccupent seulement à décrire les objets d'apprentissage ; des modèles ont été proposé pour décrire les activités d'apprentissage ; ces modèles sont regroupés sous le nom EML. L'origine de ce terme revient aux travaux réalisés par l'Open University of the Netherland sur la conception et le développement d'un langage de description adapté à l'éducation. Un langage de modélisation pédagogique (EML) est défini par CEN/ISSS WS/LT Learning Technologies WorkShop [Rawlings&al 02] traduite par [Bouramoul 06]:

« *Un langage de modélisation pédagogique est un modèle* **d'information et d'agrégation sémantique** *décrivant les contenus et processus engagés dans une* **unité d'apprentissage** *selon une* **perspective pédagogique** *et dans le but d'assurer la* **réutilisabilité** *et l'* **interopérabilité**»

---

[6] EML : **E**ducational **M**odelling **L**anguage ou on trouve LMP en français : **L**angage de **M**odélisation **P**édagogique

Comme nous le constatons, un EML à la particularité d'être tout d'abord exprimé d'une manière formelle grâce à un langage compréhensible par la machine généralement réalisé par XML.

Le concept d'unité d'apprentissage (unit of learning aussi appelée unit of study ou unit of instruction) représente la plus petite unité définissant un modèle d'apprentissage, qui se caractérise par le fait qu'elle ne peut être décomposé sans perdre son sens et son efficacité d'apprentissage, il peut s'agir d'un cours, des travaux pratiques, d'une leçon etc.

Un EML a également la particularité de pouvoir décrire les unités d'apprentissage selon une perspective pédagogique particulière dans le sens où il doit être indépendant des diverses théories d'apprentissage.

Les notions de réutilisation et d'interopérabilité cités dans la définition impliquent que les modèles produits avec les EML ne doivent pas contenir d'éléments contextuels (comme le type des médias utilisés) afin de pouvoir les utilisés d'une manière transparente par différentes plates-formes LMS.

En 2002, le groupe de travail CEN/ISSS (Information Society Standardization System) sur les technologies d'apprentissage (Learning Technologies Workshop) a réalisé une étude comparative des différents langages de modélisation pédagogique. Six propositions ont été prises pour cette étude :

Remarque : *La différence entre les divers EMLs se situent essentiellement, d'une part, au niveau du vocabulaire utilisé correspondant au modèle d'une unité d'apprentissage et, d'autre part, aux approches pédagogiques qu'il est possible pour le concepteur de modéliser.*

Nom du langage	Description
TML (**T**utorial **M**arkup Language)	a pour objet l'élaboration d'une base de ressources concernant le partage de questions, utilisé pour supporter tous types de question.
CDF (**C**urriculum **D**escription Format)	Est un langage de modélisation pédagogique permettant de générer des cours
LMML (Learning Material Markup Language)	Est un langage basé sur un méta-modèle d'architecture pour la gestion de connaissances
Targeteam	est un système permettant la conception, l'utilisation et la réutilisation de ressources d'enseignement. Ce système utilise le langage TeachML pour supporter la description, la structure est la gestion de contenus pédagogiques utilisés à l'intérieure de situation d'apprentissage.
PALO	Est un langage utilisant une approche cognitive pour décrire un cours

	structuré en différents modules
EML-OUNL[7]	repose au plus haut niveau sur la structuration des situations d'apprentissage en unités d'étude (Units of Study).

Tableau 1 les différentes technologies EML

Seulement deux de ces langages ont attiré l'attention (PALO et EML-OUNL). Mais l'étude définitive a conclu que le langage EML-OUNL correspondait au mieux à la définition des LMP (PALO se limitant à la description de tâches individuelles).

EML-OUNL a depuis fait l'objet d'une intégration dans les travaux de standardisation engagés par le consortium IMS ; le résultat donnant naissance en février à la spécification IMS Learning Design (IMS-LD).

Dans les prochaines sous-sections, nous présentons le langage EML-OUNL (7.2.1), puis l'intégration réalisée de ces travaux dans le standard IMS-LD (7.2.2).

7.2.1 Le langage EML-OUNL

EML-OUNL a été développé par Koper à l'université ouverte de Netherlands dans le cadre de l'utilisation de e-learning. Ce langage [Koper 01] considère l'unité d'apprentissage comme une composition d'activités réalisées par un ensemble d'acteurs dans un environnement donné. EML-OUNL place l'activité au centre du dispositif.

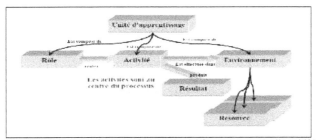

Figure 7 Une vue simplifiée du modèle EML-OUNL : l'activité est au centre du dispositif [Pernin 03c]

Il permet de définir les relations entre (1) les objectifs en termes de connaissance ou d'habiletés, (2) les acteurs d'apprentissage, (3) les activités réalisées ainsi que (4) l'environnement et les contenus nécessaires à la mise en place de la situation d'apprentissage.

---

[7] Nous distinguons l' EML de EML-OUNL. EML-OUNL correspond à l'EML développé au sein de l'Université des Pays-Bas. EML est le terme générique pour parler des langages de modélisation pédagogique

7.2.2 IMS Learning Design

Les travaux basé sur EML-OUNL, et ceux au sein du groupe « Learning Design » du Consortium IMS (Instructional Management System) et de quelques standards IMS existants (tels que: IMS Content Packaging, IMS Meta Data et IMS Simple Sequencing), ont donné naissance à la spécification IMS Learning Design, qui a été mise au point en février 2003, et concentre aujourd'hui l'essentiel des travaux de recherche dans le domaine de l'apprentissage.

IMS-LD est un langage de modélisation pédagogique qui permet de décrire de manière formelle un scénario d'apprentissage, il fournit une infrastructure d'éléments capables de décrire n'importe quelle conception de processus d'enseignement d'une manière formelle. Plus spécifiquement, IMS-LD remplit les caractéristiques suivantes [Lejeune 04]:

1- **Complétude :** permettre de décrire au sein d'une Unité d'Apprentissage (UA) la globalité du processus d'apprentissage en y incluant: La description des activités, l'intégration des ressources et services utilisés ; les approches d'acquisition de la connaissance : la possibilité de modéliser l'apprentissage individuel ou collaboratif, mono ou multi utilisateur ;…

2- **Flexibilité pédagogique** : permettre d'exprimer l'intention pédagogique et la fonction de chaque élément d'une Unité d'apprentissage, sans être contraint par une approche pédagogique particulière ;

3- **Personnalisation** : permettre de concevoir l'unité d'apprentissage en fonction des différentes caractéristiques de l'apprenant. Le contenu et les activités de l'unité d'apprentissage peuvent alors être adaptées selon le profil, le parcours, les connaissances préalables, les besoins ou encore l'environnement de l'apprenant ;

4- **Formalisation** : garantir autant que possible l'automatisation du processus ;

5- **Reproductibilité**: décrire de façon abstraite l'unité d'apprentissage de façon à rendre possible son exécution dans différentes situations par différentes personnes ;

6- **Interopérabilité**: garantir l'interopérabilité des unités d'apprentissage ;

7- **Compatibilité**: utiliser autant que possible les normes et les spécifications validées par l'usage, et en particulier IMS CP, IMS QTI, IMS/LOM Meta data et IMS SS ;

8- **Réutilisabilité**: rendre possible d'identifier, d'isoler, de décontextualiser, d'échanger les éléments d'une UA et de les réutiliser dans d'autres contextes.

IMS-LD propose trois niveaux de description d'une activité pédagogique qui s'intègrent de la manière suivante:

– un **niveau A** qui contient les éléments de base de la spécification, permettant la description d'une unité d'apprentissage générique dont le déroulement va être identique pour tous les participants;

– un **niveau B** qui ajoute au niveau A des propriétés et des conditions permettant de spécifier les conditions de progression d'une activité;

– un **niveau C** qui ajoute au niveau B la notification, par exemple avertir l'enseignant de l'arrêt d'une activité.

IMS-LD est un méta-modèle comprenant trois modèles principaux que sont : le **modèle conceptuel**, le **modèle d'information** et le **modèle de comportement**

1. *Modèle conceptuel* : représente le vocabulaire et les relations existantes entre les composantes d'un scénario pédagogique ainsi que les relations avec la spécification IMS Content Packaging [IMS 03], qui est une autre composante proposée par le consortium IMS. Il se décompose en trois modèles (le modèle d'agrégation, le modèle de structure et le modèle d'intégration) correspondant à des vues différentes du modèle IMS LD.

2. *Modèle d'information* : permet de décrire des scénarios d'apprentissage selon trois niveaux (statique, dynamique et événementiel).

3. *Modèle de comportement* : décrit l'ensemble des comportements d'exécution (runtime) à implémenter dans le dispositif supportant l'unité d'apprentissage.

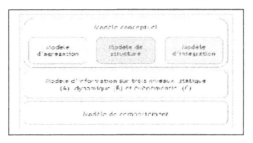

Figure 8 Décomposition du méta-modèle IMS LD [Laforcade 04]

Nous allons présenter en détail le méta-modèle IMS LD ; sachant que ses principaux éléments sont : Activités, rôle, environnement et méthode.

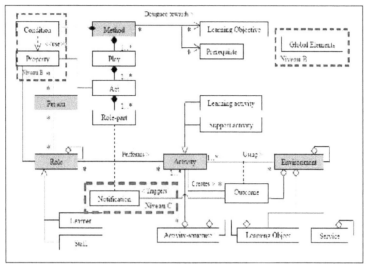

Figure 9 Modélisation d'un scénario pédagogique à l'aide du standard IMS-LD [IMS 03c]

Un enseignant concepteur doit représenter le scénario à l'aide de ce diagramme UML (Figure 9), puis à travers ce dernier, il construit un modèle décrit en XML. Le modèle conçu présente la structure hiérarchique suivante

```
learning-design
   title
   learning-objectives
   prerequisites
   components
      roles
         learner*
         staff*
      activities
         learning-activity*
            environment-ref*
            activity-description
         support-activity*
            environment-ref*
            activity-description
         activity-structures*
            environment-ref*
      environments
         environment*
            title
            learning objects*
            services*
            environment-ref*
            metadata
method
      play*
         act*
            role parts*
               role-ref
               activity-ref
metadata
```

* : indique qu'un élément peut apparaître plus qu'une fois

Figure 10 Structure d'un modèle IMS-LD décrit dans le langage XML [IMS 03c]

En effet, le modèle IMS-LD permet de spécifier le déroulement d'une unité d'apprentissage [Koper 03] ; du point de vue IMS, une unité d'apprentissage (représentant par exemple un cours) est composée d'une partie « organisation du contenu » et une partie « ressources » comme le montre la Figure 11. L'unité d'apprentissage est englobée dans une structure IMS intitulée « content package » (manifest) qui contient :

> ➤ la partie « organisation du contenu » qu'on va la décrire dans ce qui suit.
> ➤ la partie « ressources » qui sont des liens sur des contenus pédagogiques qui peuvent être: des documents (divers formats, Word, PDF), des pages web, des images,…

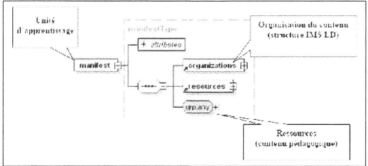

Figure 11 Unité d'apprentissage en IMS LD [IMS 03b]

La partie **organisation du contenu** correspond à la partie "Learning Design" d'une "unit of Learning". Il s'agit de la description d'une méthode permettant à des étudiants et des enseignants d'atteindre certains objectifs d'apprentissage en exécutant des activités dans un ordre et dans le contexte d'un environnement d'apprentissage. On peut le voir comme un scénario d'apprentissage.

Le "Learning Design" est l'élément le plus haut dans la hiérarchie qui permet de décrire le scénario d'apprentissage d'une "Unit of Learning", il englobe tous les concepts qui sont décrits ci-dessous (les **composants** et la **méthode**)

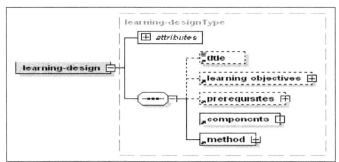

Figure 12 Structure de Learning Design [IMS 03b]

1. *Composants (en anglais components)* : sont les éléments qui vont servir à la construction de la section "Method". Comme dans une recette de cuisine, il y a les ingrédients et les instructions de préparation ; dans un "Learning Design" il y a les "Components" et la section "Method". On synchronise des "Components" avec la section "Method". On trouve dans cette partie les activités (activités d'apprentissage, de support, structures d'activités), les rôles des acteurs et les environnements.

Activités :
Elles représentent un élément central du modèle. Elles forment un lien entre les rôles et l'environnement d'apprentissage. Elles décrivent les activités qu'un acteur doit réaliser dans un environnement spécifique composé de ressources pédagogiques et de services. Elles correspondent à un ensemble de tâches individuelles ou collectives (étudier un document, effectuer un test, débattre d'une proposition, résoudre un problème, aider un apprenant, corriger une épreuve,…) et sont distinguées suivant leur nature en :

- *Activités d'apprentissage* (objet learning activities) : sont dirigées par des objectifs à atteindre. Elles sont constituées principalement d'une description du travail à réaliser et de liens avec un ou plusieurs environnements de travail ; elles sont réalisées par le rôle « apprenant / learner »

- *Activités de support* (objet support activities) peuvent par exemple être des activités de correction de devoir ou d'aide pour des étudiants en difficultés. Elles sont réalisées par le rôle « équipe / staff »

Une activité possède deux moyens principaux pour se terminer, soit l'utilisateur indique la fin de manière explicite, soit la durée maximale pour l'exécution est atteinte.

Enfin, les activités peuvent être assemblées dans des *activity-structures*. Ces structures d'activités agrègent un ensemble d'activités en une seule structure qui peut être associée à un *rôle* (objet role). Une structure peut modéliser une séquence ou une sélection d'activités. Dans une séquence, un rôle doit réaliser complètement les différentes activités de la structure dans l'ordre indiqué, alors que dans une sélection, un rôle peut sélectionner un certain nombre d'activités parmi celles de la structure. Une structure d'activités peut aussi également référencer d'autres structures d'activités, de même qu'un ou plusieurs environnements. Une activité possède des *objectifs pédagogiques* (objet learning objectives*)*.

Rôle :
On distingue deux types de rôles: *learner* et *staff*. Learner étant réservé aux rôles d'apprenants et staff aux enseignant, tuteur,… de l'activité. Un rôle est attribué à une ou plusieurs personnes lors de l'instanciation du modèle d'unité d'apprentissage en vue de son exécution.

Environnement
L'*environnement* (objet environment) contient une collection structurée d'objets pédagogiques (documents texte, pages WEB, etc.) et de services (chat, forum, etc.) appropriés qui vont être utilisés pour la réalisation des activités.

- Les *objets pédagogiques* sont les différentes ressources numériques ou non, manipulées dans les activités. Elles sont généralement classées en utilisant le système de métadonnées LOM.
- Les *services* peuvent être de trois types : forum de discussion, outil de communication synchrone (chat) ou outil de recherche. Ces services sont des ressources dont l'URL n'est pas donnée lors de la conception mais dont les caractéristiques sont spécifiées. C'est la plate-forme d'exécution qui se chargera de mettre en oeuvre les outils adéquats.

2. *méthode (*en anglais method*) :* cette section décrit l'ordonnancement et la synchronisation des activités, des rôles et des environnements. C'est à ce niveau qu'apparaît une singularité forte d'IMS-LD. Elle repose sur une métaphore théâtrale pour décrire le déroulement d'une unité d'apprentissage. L'élément *méthode* (objet method*)* contient différentes **pièces** (objet play) s'exécutant en parallèle. Chaque

séquence est organisée en **actes** qui organisent la distribution des activités aux différents rôles par l'intermédiaire du concept de partition « **role-part** ». Les actes sont exécutés en mode séquentiel. Pour passer au prochain acte, l'utilisateur doit finaliser l'acte courrant.

La figure ci-dessous illustre le schéma d'exécution des pièces, actes et partitions composant la méthode (deux traits parallèles verticaux exprimant le parallélisme, une flèche horizontale exprimant une séquence) [Lejeune 04].

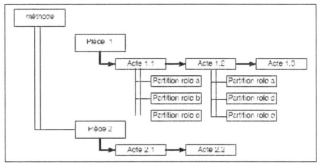

Figure 13 : Schéma d'exécution des éléments composant la méthode [Lejeune 04]

Nous terminons cette description par : *learning-objectives* et *pré-requisites* qui caractérisent les éléments Learning Design et activités

- **objectif d'apprentissage «objet learning-objectives»**

Il représente les buts à atteindre par l'apprenant qui réalise les activités. Nous pouvons spécifier les objectifs à deux niveaux, au niveau global de l'unité d'apprentissage ou au niveau de chaque activité. Les deux niveaux peuvent être utilisés en même temps. Le premier niveau définit les enjeux principaux de manière plus ou moins abstraite et le second niveau permet de situer précisément le travail à réaliser dans l'activité par rapport au but final [Oubahssi 05].

- **Pré-requis « objet Prerequisites »**

Ils correspondent aux conditions que doit remplir l'apprenant pour pouvoir suivre l'unité d'apprentissage.

Comme pour les objectifs on peut définir les "Prerequisites" au niveau global de l'unité d'apprentissage et au niveau des activités.

8. Conclusion

Dans ce chapitre, nous nous sommes intéressés à la formation à distance et plus particulièrement à l'ingénierie pédagogique.

Nous nous sommes focalisés sur l'approche centrée activité (point de vue de Koper), puis nous avons décrit les différents éléments clés qui la représentent: unité d'apprentissage et scénario d'apprentissage. La conception de ce dernier nécessite une modélisation via des langages de modélisation pédagogique dont nous avons ciblé le langage IMS Learning Design.

Quoique, pour avoir une meilleure réutilisation, il serait judicieux de garder les raisons des décisions prises au moment de la conception et les traces des choix de conception dont le but de les mettre à la disposition des autres concepteurs pédagogique. Le chapitre suivant présente par quoi et comment les garder en s'appuyant sur la logique de conception (design rationale).

Chapitre 2   Logique de conception « Design Rationale »

1 Introduction

La conception se réalise dans des domaines très divers. Sa compréhension nécessite de préciser les raisons qui ont conduit à prendre telle ou telle décision. Ce type d'information est vu comme une ressource nécessaire à l'activité des concepteurs.

En outre, la nécessité de capitaliser les compétences et l'expertise des concepteurs impose de plus en plus fréquemment de tracer la logique de conception du système à réaliser et de capitaliser leurs savoirs.

A travers ce chapitre, nous allons justement décrire ce qu'est la logique de conception « Design Rationale » ensuite les objectifs qu'elle vise à atteindre ainsi que les bénéfices que l'ont peut en extraire. L'ensemble des modèles utilisé vont être cités et plus particulièrement le modèle QOC (Question, Option, Critère) qui sera utilisé dans notre contribution. Nous terminons ce chapitre par les domaines d'utilisation de ce modèle.

2 Design Rationale (DR) ou logique de conception

Par rationale nous désignons tout ce qui est conçu avec un souci de méthode et de logique [encarta 06].

La traduction du « design rationale » est difficilement traduisible en français. La traduction littérale est conception raisonnée mais la traduction conception rationalisée est plus adaptée. Il est nommé ou connu sous le terme logique de conception ou comme [Buckingham Shum 97] baptise analyse de l'espace de conception.

Dans ce mémoire nous utiliserons souvent l'expression anglophone design rationale ou logique de conception.

Plusieurs définitions du design rationale ont été proposées, nous retenons comme définition celle prise par [Lacaze 05] :

- Le DR est une explication de comment et pourquoi un artefact, ou des portions de ce dernier, a été conçu comme il est.

- Le DR est une description du raisonnement justifiant les résultats de la conception – comment les structures accomplissent leurs fonctions, comment des structures particulières sont choisis au détriment d'autres alternatives, quel comportement est attendu et sous quelles conditions.

- Le DR représente les connaissances de la conception.

Nous pouvons la résumer telle : « Design rationale permet de modéliser les raisons des choix, mais aussi, les différentes directions explorées lors du processus de conception, les alternatives identifiées, les relations entre différentes solutions existantes, voire les raisons pour lesquelles certains choix n'ont pas été effectués. [Ferreira&al 04] »

3 Objectifs

Il est avantageux de garder la trace des décisions prises en termes de design rationale lors d'un processus de conception pour un certain nombre de raisons :

1) Le design rationale permet de <u>clarifier</u> les choix proposés par les concepteurs ; il les   force à argumenter leurs décisions et les structurer d'une manière efficace. Cette clarification des choix de conception est une aide à la conception car toutes les options possibles d'un problème donné sont explorées comme le montre la figure suivante :

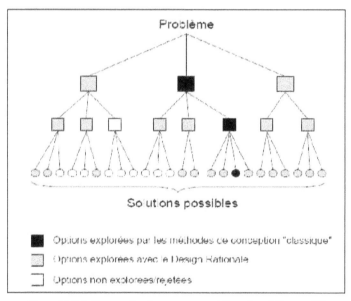

Figure 14 Solutions envisagées pour un problème donné [Lacaze 05]

Les méthodes de conception classiques ne permettent d'envisager qu'une solution (carré noir) à un problème donné ; par contre, le design rationale permet d'évaluer les différents solutions ou options (carrés gris) ce qui offre aux concepteurs d'avoir un jugement qualitatif sur une solution [Lacaze 05].

2) Il permet une meilleure <u>communication</u> entre les différents concepteurs, dans le sens où qu'à travers le design rationale, les concepteurs sont amenés à décrire toutes les options et solutions envisagées des problèmes rencontrés lors de la conception ; ce qui permet aussi le partage des connaissances spécifiques à un domaine de compétence, et cela en utilisant un langage commun. Tout simplement, le Design ratioanle est considéré comme une mémoire partagée.

3) le Design rationale peut être utilisé pour faciliter la <u>maintenance</u> d'un système, car la disponibilité d'information sur les raisons de choix de conception rend sa révision plus facile.

4) Grâce au design rationale, l'expérience ainsi les compétences investies ne sont pas perdues car il en reste une TRACE qui va être capitalisée pour pouvoir la réutiliser. A cet effet, les concepteurs dans le domaine bénéficieront des bonnes décisions (options) comme les mauvaises dans le cadre de réutilisation ; car les bonnes représentent des solutions validé qui seront adoptés et les mauvaises représentent des solutions à éviter.

Malheureusement, le design rationale est peu utilisé. Ce fait est expliqué par [Szyperski 02], qui a comparé l'utilisation du design rationale avec les composants logiciels. En effet, tant qu'il n'y a pas beaucoup de composants logiciels sur le marché, l'intérêt du composant est faible, mais dès que le nombre de composants sera plus important, l'utilisation et la réutilisation vont s'accroître. Il en va de même pour le design rationale. Plus il y aura de projet utilisant le design rationale, plus l'utilisation et la réutilisation seront importantes. Cette réutilisation sera accrue si des « patterns » de solutions se dégagent. Les concepteurs pourront se pencher sur des problèmes plus complexes, et donc améliorer la qualité finale de l'artefact [Lacaze 02].

4   Les différents phases du design rationale

Le design rationale s'articule autour de trois phases : (1) la capture du dialogue, (2) la structure des informations et enfin (3) l'analyse du contenu. Des notations ou modèles de représentations doivent assister les concepteurs sur ces trois points. Nous allons donner dans ce qui suit, un explication en détail de ces différentes phases.

N.B : la phase de capture et la phase de structuration sont souvent entrelacées, et par conséquent difficiles à dissocier.

4.1 Phase capture

Comme le désigne son nom, cette étape consiste à capturer et collecter toute information utile. Cependant, il faut choisir judicieusement la méthode avec laquelle elle sera faite ; sachant que si trop d'informations sont capturées, l'information pertinente sera peut être parasitée ; si trop peu d'informations sont saisies alors des informations importantes risquent d'être négligées.

Une des méthodes utilisée pour capturer le design rationale est de faire un enregistrement audio et/ou vidéo. Une telle méthode rend les deux phases suivante (structuration et exploration) très coûteuses car il est très difficile de trouver une information précise.

Une autre méthode est d'utiliser des notations de design rationale qui sont plus coûteuses à mettre en oeuvre qu'un enregistrement vidéo mais elles permettent de structurer et d'indexer l'information. La saisie du design rationale à l'aide d'une notation, entrelace les étapes de capture et de structure. La retranscription du dialogue en un diagramme peut être réalisée de deux façons :

> ➤ Retranscription en temps réel ;
> ➤ Retranscription après la discussion.

4.2 Phase Structure

Après avoir capturer, l'étape qui suivra est de structurer et d'organiser les informations capturées ; elle est généralement soutenue par une notation. Cette phase est importante, car de cette dernière découle la facilité de relecture des modèles, de la réutilisation, ainsi que de la facilité à retrouver l'information.

Aussi, à travers cette étape, de nouvelles questions, de nouveaux problèmes peuvent émerger ou nécessiter de supprimer ou modifier.

Aussi, lors de cette phase, toutes les questions en suspens, les problèmes non traités doivent être mis en évidence afin de pouvoir les traiter lors de la prochaine étape.

Il est judicieux de parcourir le diagramme résultant pour vérifier la syntaxe et la sémantique des modèles.

Il est possible de trouver des incohérences telle qu'une solution retenue à un endroit et la même solution rejetée pour un autre problème, ce qui nécessite de le modifier et de l'améliorer (le modèle obtenu). Cela implique que le processus de conception d'un diagramme de design rationale est itératif.

4.3 Phase analyse

Cette phase d'analyse ou de lecture du diagramme doit permettre aux concepteurs ou lecteur en général de connaître les options explorées, les solutions envisagées et pourquoi ces solutions ont été retenues au détriment des options. Le lecteur doit pouvoir détecter les problèmes rencontrés.

5 Modèles de représentation de DR

L'objectif de ces modèles est de répondre aux attentes énoncées dans les sections précédentes. Les modèles de représentation du design rationale doivent offrir la possibilité de décomposer hiérarchiquement un problème pour que les tierces personnes puissent rapidement lire, comprendre et éditer des modèles.

En effet, ces modèles ont le double rôles : se faire comprendre et comprendre ce que veulent les autres [Lacaze 05]. Pour répondre à ces contraintes, la notation de design rationale doit être simple à utiliser et de compréhension.

Dans la littérature, ils existent plusieurs modèles pour représenter le design rationale dont la principale caractéristique commune est qu'il le représente sous forme d'une structure argumentative [Karsenty 01]. Et la différence entre ces modèles réside dans le formalisme choisi pour représenter les arguments, ce qui détermine le type d'arguments qui seront mémorisés et le niveau de détail qui pourra être obtenu [Lewkowicz&al 98b].

Cette structure argumentative se décompose généralement en trois grandes entités : les questions ou problèmes de conception, les options possibles pour répondre à ces questions et les arguments pour ou contre chaque option. Une décision est une option qui a été choisie parmi d'autres au vu des arguments disponibles. Cette structure peut se complexifier quand plusieurs décisions sont interdépendantes. Cela se traduit généralement par la création d'un lien entre une décision et une (ou plusieurs) nouvelle(s) question(s).

Dans le cadre de ces modèles, nous pouvons d'une part savoir les problèmes qui ont été posés, et d'autre part, les options (alternatives) qui ont été envisagées pour faire un choix ainsi les arguments amenant au choix pris.

Parmi les modèles de design rationale, nous pouvons distinguer essentiellement les méthodes IBIS [Conklin&al 98], QOC [MacLean&al91], [Karsenty 01], DRL (Design Rationale Language) [Lewkowicz&al 99] et DIPA (Données, Interprétations, Propositions, Accord) [Lewkowicz&al 00].

Le modèle *IBIS* (Issue-Based Information Systems) [Kunz&al 70] a la caractéristique de représenter le plus la structure cité au-dessus, de même sa version graphique *gIBIS* [Conklin&al 88] et [Conklin&al 96].
Ce dernier (gIBIS) permet de représenter en moins d'effort la logique de conception pour les deux raisons suivantes : d'un coté il permet de conserver la trace de l'ordre des questions invoqués pendant la conception en donnant un historique des décisions tout le long du processus de conception, ce qui permet de visualiser les problèmes traités dans l'ordre ou ils l'ont été ; et d'un autre coté les arguments rapportés dans le document sont la transcription exacte des arguments donnés, verbalement ou par écrit, par les concepteurs, on dit que c'est une méthode narrative.
Malheureusement, ces avantages se transforment en inconvénient dû au document réalisé avec gIBIS, sachant que pour comprendre un choix d'une certaine option, il faut lire un ou plusieurs arguments rédigés sous forme de texte libre ce qui devient fastidieux.
Ce modèle n'est pas destiné à faciliter la logique de conception mais plutôt à favoriser la coordination au sein d'un projet [Karsenty 01].
Cependant, d'autres modèles sont apparus afin de réduire ces difficultés. C'est le cas notamment des modèles DRL ou DIPA . Ils se particularisent par rapport à IBIS dans le faite de garder une structure logique et non de l'historique des décisions de conception, ce qui nécessite un effort supplémentaire de formalisation, ainsi ils permettent de découper la logique de conception à un niveau de précision (clarté) plus fin. Par exemple DRL, décompose chaque argument en une structure d'affirmations (claims) pouvant être liées entre elles par des relations de confirmation, de contradiction ou de présupposition ; aussi le modèle DIPA se base sur une analyse cognitive de la résolution de problèmes pour

représenter la logique de conception, il fait intervenir les interprétations de la situation réalisée par les concepteurs pour lier les problèmes aux propositions de solution, et distingue des contraintes abstraites et concrètes dans l'évaluation, quant au modèle QOC, il rend explicite derrière chaque argument, le critère de conception sous-jacent ;

Le modèle de la logique de conception à utiliser ou à choisir, doit se faire en fonction des avantages et inconvénients de chaque situation de travail. [Lewkowicz&al 98a] montre que la méthode QOC permet de représenter différentes solutions avec leurs avantages et leurs inconvénients dans un «espace de conception» graphique, ainsi [Karsenty 01] cite que d'après les études faites, ils ont conclu que les concepteurs désiraient une méthode exigeant moins d'effort pour garder cette logique, tout en optimisant sa réutilisation, ces exigences ont naturellement conduit à opter pour le modèle QOC que nous allons le décrire dans la section suivante.

6 Modèle QOC (Question, Option, Critère)

C'est un modèle semi-formel permettant de produire une représentation graphique (voir Figure 15) de la logique de conception, proposé par Mac Lean [MacLean&al 91]. Il décompose les activités de conception en terme de **Question**, **Option**, **Critère**.

A savoir que les *questions* sont les questions et problèmes posés lors d'une conception, chaque question lui associe plusieurs options (choix de conception) ; les *options* correspondent aux solutions possibles de cette question. Et enfin les *critères* permettent l'évaluation de chaque option envisagée afin de discriminer telle ou telle option ; ce qui implique qu'une lecture est suffisante pour que des concepteurs expérimentés comprennent les raisons qui ont conduit d'autres concepteurs à préférer telle option sur telle(s) autre(s). Aussi, dans ce modèle :

- ▪ Un lien en trait continu entre une Option et un Critère signifie que le critère est *favorable* à l'option, sinon, il est *défavorable*.
- ▪ L'option retenue est encadrée.
- ▪ Le choix d'une option peut soulever un nouveau problème. Pour lequel il y aura plusieurs alternatives qui pourront être argumentées

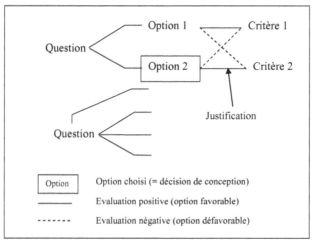

Figure 15 Forme générale du modèle QOC (Question, Option, Critère)

7 Utilisation du modèle QOC

Le formalisme QOC est destiné à faciliter non seulement la réutilisation d'une solution, mais aussi la réutilisation d'un raisonnement. Cependant, Il y a généralement deux genres de questions qui peuvent susciter les concepteurs lors d'une réutilisation, ça soit pour réutiliser

- une solution, les questions typiques posées par les concepteurs sont : pourquoi a-t-on besoin de X ? pourquoi X et pas Y.

- un raisonnement, les questions qui peuvent être posées sont : quels autres choix étaient possibles ? quels sont les critères pertinentes pour choisir en X et Y ?...

A cet effet, [MacLean&al 91] proposaient de modifier globalement la tâche de conception. Disant que la conception devient la production d'un document QOC qui permet de répondre à l'ensemble des questions évoquées en conception. C à d, les concepteurs devaient aborder leurs problèmes en posant plusieurs options de conception, puis expliciter un ensemble de critères nécessaire pour les comparer, et ce, afin de déterminer la meilleure.

Le modèle QOC se veut général. Il n'a donc pas pour vocation de retenir toutes les spécifités de chaque domaine de conception. Toutefois, il faut souligner que chaque domaine de conception, peut avoir ses propres besoins ; ce qui implique qu'une nécessité de l'adapter dans chaque domaine où on veut l'appliquer.

[Karsenty 01] mentionne que QOC est appliqué dans le cadre d'une mission pour un bureau d'études en mécanique et matériaux composites, et l'ont adapté par rapport aux besoins d'information qui ne pouvaient être satisfaits avec le modèle originel du QOC.

Aussi [Lacaze 05] a construit une notation TEAM basée sur le modèle QOC afin que les spécificités liées à la conception de systèmes interactifs soient prises en considération, ainsi a développé un outil supportant l'édition de sa notation. La figure suivante présente une capture d'écran de son outil :

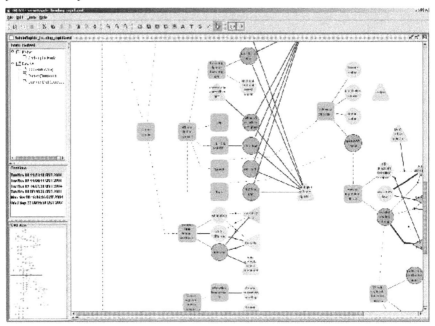

Figure 16 : Capture d'écran d'un éditeur utilisant le modèle QOC [Lacaze 05]

Les carrés représentent les questions, les options sont présentées par des cercles (l'option retenue par des cercles entourer) et les critères par des triangles…

aussi [Tabart 07] avait comme objectif de déterminer les outils et les méthodes pour la conception et vérification du rendu des IHM[8], ces rendus concernent l'ensemble des représentations graphique utilisé dans les IHMs des systèmes critiques adaptés pour coder

---

[8] IHM : Interface Homme-Machine

un nombre de plus en plus grand d'informations. Il propose d'utiliser des « wizards » associés à des outils issus du design rationale tels que le QOC. Ces derniers vont permettre d'utiliser des connaissances en IHM et en design graphique pour choisir et argumenter les choix des paramètres des éléments graphiques intégrés à un rendu.

8 Conclusion

Comme nous venons de voir, le design rationale est d'une utilité importante pour la conception de n'importe qu'elle système puisqu'il permet d'explorer de façon systématique les options de conception tout au long du processus de conception, de justifier les choix de conception et de garder la trace des décisions prises.

Les domaines d'utilisation du Design rationale restent ouverts, dans notre travail, nous avons opté de l'utiliser dans le cadre de la conception des scénarios d'apprentissage car bien évidemment, cette conception requiert un savoir et savoir-faire des concepteurs en terme de pédagogie ; qui doivent être capitalisés sous une forme persistante et aisément transmissible.

Chapitre 3   Etat de l'art

1. Introduction

Nous avons vu à la fin du chapitre précédent, quelques travaux qui ont intégré le design rationale pour différents objectifs en vue d'assister ou aider les concepteurs à garder une trace de leurs décisions ; ces décisions sont considérées comme une information qui peut aider d'autres concepteurs à comprendre ses intentions dans la phase de conception et permettre une réutilisation plus concise des systèmes conçus.

De même pour le domaine de e-learning, les enseignants ou disant les concepteurs pédagogiques sont confrontés par la problématique de concevoir des scénarios d'apprentissage (deux colloques[9] successifs récents ont eu lieu).

Dans le cadre de notre problématique, nous nous intéressons seulement aux travaux qui se focalisent à garder les traces pour les enseignants et/ou concepteur (on ne va pas s'intéresser aux ceux de l'apprenant); ensuite, nous citons quelques travaux qui aident à concevoir des scénarios d'apprentissage.

2. Intérêt de trace pour l'enseignant ou concepteur pédagogique

L'utilisation des traces part du besoin de percevoir et d'analyser l'activité d'apprentissage. Toutefois, en se limitant aux besoins de l'enseignant / concepteur, ce dernier souffre parfois du manque d'éléments perceptible qui lui permettent le suivi des activités des apprenants pendant une situation d'apprentissage ainsi qu'autres limites.

A cet effet, quelques travaux ont mis justement en évidence cette problématique, dont nous allons citer quelques uns:

> ➤ L'objectif général du travail de Marty et al. [Marty &al 05] est de comprendre le comportement des apprenants, ensuite améliorer les scénarios pédagogiques. Les buts visés sont respectivement :

---

[9] 1- Acte du colloque « Scénariser l'enseignement et l'apprentissage : une nouvelle compétence pour le praticien ? », Lyon ,14 avril 2006
2- Acte du colloque scénario2007. « Scénariser les activités de l'apprenant : une activité de modélisation », Maison des technologies de formation et d'apprentissage de l'Université de Montréal (MATI), 14 et 15 mai 2007.

1. Fournir à l'enseignant une **aide à la compréhension de l'activité** des apprenants.

2. **Analyser les traces** à la fin du scénario. Il est intéressant de comparer les traces d'une même population, afin de comprendre par exemple les causes de succès et d'échec des apprenants.

3. **Amélioration du scénario d'apprentissage** lui-même. Pour une réutilisation éventuelle de ce scénario ; une démarche qualité préconise sa remise en cause. À cet effet, une analyse des traces a posteriori est nécessaire pour identifier les étapes du scénario redondantes, manquantes, superflues.

Pour cela, l'approche qu'ils l'ont opté consiste à observer depuis différentes sources (le scénario pédagogique, le serveur et le poste client) puis les composer d'une manière à obtenir des traces interprétable. Une représentation graphique est utilisée nommé : barre d'ombre. Cette dernière présente différentes couleurs dont chacune détermine l'estimation de la clarté d'observation (voir la Figure 17).

- **Claire** : si les activités observées sont en rapport avec leurs durées préconisées.

- **Obscure** si les activités observées dépassent le temps préconisé pour leurs réalisations

- **Totalement Noire** : si aucune observation n'explique le temps écoulé

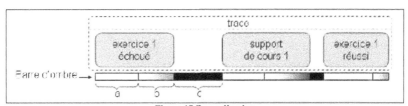

Figure 17 Barre d'ombre

Dans cette figure, seules les observations des activités du scénario pédagogique sont accessibles. Et au fur et à mesure qu'ils prennent en considération les sources d'observation (citée au dessus), ils arrivent à expliquer le temps écoulé entre les différentes activités.

Le résultat final est :

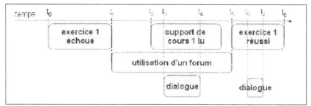

Figure 18 Trace interprétable

Aussi ; grâce à cette représentation, une comparaison est faite sur le comportement d'un ensemble d'apprenants, afin de comprendre les causes de sucées des uns et l'échoues d'autres.

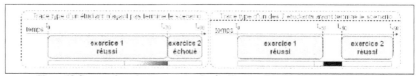

Figure 19 Comparaison des traces entre des étudiants en fonction de leur résultat final

La figure 19 montre que 7 étudiants ont pu réussir leur scénario (à droite) et 7 autres n'ont pas terminé. Grâce aux traces collectées, cette réussite est expliquée par une activité supplémentaire non prévue dans le scénario pédagogique car tout les étudiants qui ont réussi ont sollicité la validation de l'exercice 1 par l'enseignant alors que les étudiants n'ayant pas terminé ont relu des supports de cours, d'autres ont recommencé l'exercice...

Grâce à ce dernier point, ils ont constaté l'utilité d'ajouter cette activité dans le scénario d'apprentissage donc une amélioration de ce dernier.

➢ Les travaux actuels dans le cadre du projet REDiM (Réingénierie des EIAH Dirigée par les Modèles) s'intéressent aussi à l'observation ; mais elle est dirigé spécifiquement aux concepteurs pédagogique afin de les informer sur la qualité de la situation pédagogique mise en œuvre et donc, les aider à décider de l'opportunité de la ré-ingénierie du dispositif conçu.

A cet effet, le principe est que l'enseignant / concepteur décrit l'usage à priori du scénario (sous forme d'un scénario prédictif <u>métier</u>) qui est exprimé par un formalisme propre à l'enseignant / concepteur ; puis transformer ce dernier en un scénario prédictif <u>abstrait</u> en se basant sur les langages de modélisation pédagogique tel que IMS-LD. Une analyse de ce dernier est faite, pour préconiser un certain nombre d'observables à effectuer durant la phase d'utilisation du scénario pour évaluer la qualité du scénario pédagogique. Le but est de vérifier la cohérence entre l'effectif (scénario descriptif) et l'attendu (scénario prédictif) ainsi la possibilité de pouvoir détecter des utilisations émergentes afin d'améliorer la qualité du scénario conçu.

Le scénario prédictif va être exécuté dont l'avantage de collecter les informations relatives au déroulement effectif du scénario (scénario descriptif). La dernière étape, consiste à représenter les informations d'observations collectées aux enseignants d'une manière facilement compréhensible par les enseignants / concepteurs. [Choquet&al. 07] participant à ce projet visent (se préoccupent) à décrire des observables à partir de la structure du scénario construit par l'équipe des concepteurs (scénario prédictif). Ensuite propose une façon de retranscrire ces observables dans un langage interprétable en conception, dans le but de pouvoir comparer le scénario conçu a priori à celui résultant des usages observés a posteriori (scénario descriptif).

Maintenant, nous allons voir quelques travaux qui permettent de fournir une aide aux enseignants / concepteurs pédagogique dans la conception des scénarios et pouvoir les partager et réutiliser.

3. Assistance aux conceptions des scénarios d'apprentissage

> Ce premier travail qu'on cite est de Dominique Faure et Anne Lejeune [Faure&al 05]. L'objectif est de permettre le partage des scénarios produits en vue de leur réutilisation, soit par la personne qui l'a conçu, soit par d'autres. Elles ont proposé un éditeur graphique « GenScen' » pour l'enseignant scénariste.

Cet éditeur graphique cherche (vise) à créer ou modifier un scénario d'apprentissage complet et interopérable (exprimé en IMS-LD) selon les différentes facettes de son cycle de vie: conception, exécution, observation, régulation, réutilisation. Le choix de IMS-LD comme langage d'expression des scénarios générés est d'une part à cause de la richesse de ce méta-modèle et d'autre part, de la portabilité du format XML des modèles d'unités d'apprentissage conformes à cette spécification.

A cet effet, Faure et Lejeune ont choisi pour aider l'enseignant dans sa tache de conception, de matérialiser à l'écran l'espace de modélisation des scénarios par une salle de classe traditionnelle (voir la figure suivante). Le formateur scénariste est invité à déplacer ou pointer les différentes composantes de la salle de classe (enseignant, élèves, cartables, tableau, bibliothèque, etc.) pour construire pas à pas, ou modifier le cas échéant, les étapes d'un scénario. Il peut visualiser le scénario en construction sous forme d'un diagramme d'activités simplifié, généré automatiquement. La structure XML du scénario modélisé reste pour lui entièrement transparente au cours de l'édition.

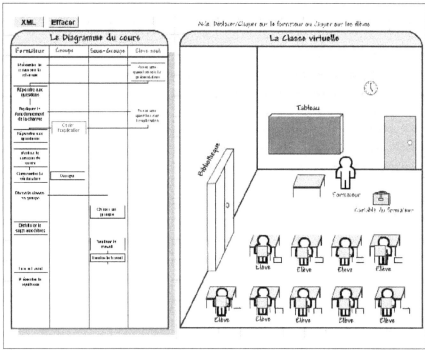

Figure 20 Ecran principal de GenScen'

➢ La démarche d'El-Kechai et Choquet [El-kechai&al 06] proposent d'analyser les formes de travail mis en oeuvre afin de pouvoir réfléchir à la construction d'outils d'aide à la conception. Cette analyse vise particulièrement des activités de conception dans le cadre d'un projet nommé *LEA[10]*.

En fait, leur approche consiste tout d'abord à amener les concepteurs à réfléchir à leurs besoins par la description de scénarios qu'ils souhaitent implémenter dans le LEA. Ils produisent et mobilisent une quantité d'Objets Intermédiaires (OI), ces objets sont les traces du raisonnement du concepteur sous forme de notes, de représentations graphiques, de schémas, et sont considérés comme un moyen au travers duquel une activité de conception peut être lue;

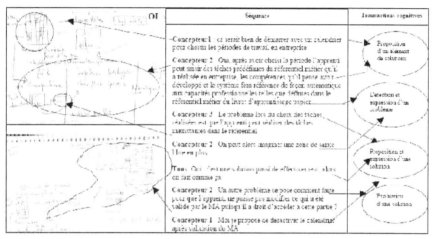

Figure 21 Analyse de l'évolution de l'OI, de la séquence interlocutoire et transactions cognitives déduites [El-kechai&al 06]

Puis rassembler différents types de données par l'observation de sessions de conception avec enregistrement des dialogues et recueil des différents OIs mobilisés et produits au cours de ces sessions de conception;

La dernière étape consiste à procéder à une analyse des contenus de ces différents OIs, afin de dégager les principales caractéristiques de l'activité concernée.

➢ Villiot-Leclercq et al [Villiot-Leclercq&al 06] sont engagées, à des degrés divers, dans la définition et le développement d'environnements logiciels permettant

---

[10] Le LEA *Livret Electronique d'Apprentissage*

d'assister les enseignants dans leur activité de conception de scénarios. Pour cela, le dispositif de soutien propose quatre niveaux:

- le premier niveau de soutien consiste à offrir à l'enseignant une représentation générale de sa tâche de scénarisation et des différents éléments qui composent un scénario.

- le second niveau de soutien se caractérise par la mise à disposition des enseignants d'un ensemble de modèles de scénarios réutilisables associés à des tactiques pédagogiques identifiées. Six modèles de scénarios ont été définis (projet, étude de cas, colloque, démonstration, débat, exercice) et validés par des enseignants. Ces modèles de scénarios correspondent à des scénarios « métiers » accessibles aux enseignants et facilement contextualisables.

- le troisième niveau de soutien consiste à offrir un accompagnement à la sélection du scénario le plus pertinent en fonction de la situation d'apprentissage envisagée.

- le quatrième niveau de soutien consiste à proposer des suggestions pédagogiques sur des activités clés lors du processus de conception du scénario.

Les suggestions de ce dernier niveau se présentent soit sous forme de questions, soit de messages textuels de type explicatif, soit de modification dans l'interface et sont identifiés sous 4 nivaux :

- suggestions sur quelques grands principes de la conception de scénarios pédagogiques (perspective d'ingénierie pédagogique).

- suggestions pédagogiques générales sur le dispositif pédagogique du scénario (perspective de psychologie cognitive et constructivisme). Ces suggestions sont greffées sur le graphe des tâches (A1).

- suggestions pédagogiques spécifiques à chaque tactique (projet, étude de cas, colloque, démonstration, débat, exercice).

- suggestions pédagogiques spécifiques à la mise en place de cinq activités (activité d'analyse, activité d'organisation (constitution des groupes), activité de collaboration et d'interaction, activité de discussion, activité de meta cognition). Ces suggestions sont greffées sur les modèles de scénarios (A2).

➢ Le « Best Pratice and Implementation guide » d'IMS LD [IMS 03c], [Alonso 05] propose un guide de conception qui préconise un processus de modélisation d'une unité d'apprentissage en 2 phases. La première, phase d'analyse permet d'exprimer sous forme textuelle (narration), le scénario d'apprentissage correspondant à un problème éducatif concret. Dans la seconde, phase de conception, le scénario est représenté par un diagramme d'activité UML, puis formalisé par un document XML conforme à la spécification IMS LD. Ces deux phases sont détaillées ci-dessous.

Phase d'analyse

Cette phase s'attache à décrire le plus précisément possible le scénario de l'unité d'apprentissage sous une forme textuelle.

La narration doit décrire de façon complète une situation d'apprentissage en termes de scénarios et de cas d'usage, tant du point de vue de l'apprenant que de celui de l'équipe pédagogique.

Le document doit être suffisamment détaillé pour permettre d'en déduire un graphe d'enchaînement d'activités par rôle, que le « Best Pratice and Implementation guide » propose de modéliser dans la phase de conception en utilisant le formalisme UML de diagrammes d'activités.

Phase de conception

1ère phase : production d'un diagramme d'activité UML

La description du diagramme d'activités à partir du texte descriptif se fait en plusieurs étapes :

- l'identification et nommage des activités ;
- l'identification des différents rôles ;
- le regroupement si nécessaire des activités dans une structure d'activités ;
- la synchronisation des activités de chaque rôle ;
- le choix du nombre de scénarios nécessaires.

2ème phase : création d'un document XML

A partir du diagramme d'activités et du descriptif de l'unité d'apprentissage, une instance de document XML conforme à la spécification IMS LD est produite.

En plus que ça, des travaux de recherche et de la communauté enseignante mettent à disposition des concepteurs pédagogique un certain nombre d'outils qui contribuent à l'émergence d'une certaine standardisation dans la conception des scénarios pédagogiques.

4. Conclusion

Au cours de ce chapitre, nous avons établit un état de l'art sur les moyens offert pour : d'un coté concevoir des scénarios d'apprentissage ainsi de la façon de l'améliorer, nous avons vu aussi les travaux visant à garder un type de trace (trace d'apprentissage) dans le but de comprendre le déroulement effectif des scénarios conçu et de le comparer par rapport à l'attendu.

Chapitre 4   Capitalisation de la logique de conception des scénarios d'apprentissage

1. Introduction

L'objectif de notre travail est de favoriser la réutilisation de l'expérience du concepteur pédagogique en réutilisant ses choix pédagogiques en fonction des critères.

Nous proposons un moyen de capitaliser la logique de conception pédagogique en s'appuyant sur le modèle QOC.

Notre démarche consistera à intégrer la logique de conception dans la conception des scénarios d'apprentissage.

2. Problématique du design pédagogique

L'étape de conception s'avère pour n'importe quel domaine une tache complexe d'où la nécessité d'environnements d'assistance à la conception. Bien évidemment, le design pédagogique n'échappe pas de cette nécessité. [Foury 02] considère le design pédagogique comme une étape cruciale, fruit d'une réflexion et d'un travail précis et rigoureux. A cet effet, nous avons vu quelques travaux de recherche proposant une aide au design pédagogique.

Les deux travaux présentés sur les traces, donnent une aide précieuse pour comprendre le comportement de l'apprenant, une chose qui permet au concepteur pédagogique de comparer entre ce qu'il a prévu et de ce qui s'est déroulé effectivement ; ce qui permet d'améliorer le scénario conçu. La différence entre celui de [Marty&al 05] et [Choquet&al. 07] est que le deuxième prend en considération des standards dans la conception des scénarios d'apprentissage. Nous n'allons pas entrer dans les détails et problèmes de trace (exemple : que faut-il observer ? quand faut-il observer ?...). Ces deux travaux ne fournissent aucune trace de décision qui indique pourquoi le concepteur a t-il choisi telle option ou telle autre dans sa conception ?

Egalement, le fait que le concepteur peut améliorer son scénario à postériori implique qu'il a acquis une certaine expertise. Cette dernière n'est cependant explicite pour être exploitée ultérieurement par d'autres concepteurs.

En ce qui concerne les travaux d'assistance ; leurs objectif est d'assister ou aider le concepteur dans la conception des scénarios, « le concepteur pédagogique a la possibilité de construire pas à pas, à modifier le cas échéant les étapes d'un scénario conçu » [Faure&al 05]. Mais malheureusement leur logique de conception n'est pas enrégistrée.

[El kechai&al 06] essayent de comprendre (d'analyser) comment s'est déroulée la phase de conception en collectant les différents OIs. Cependant, ils ne se basent pas sur un modèle pour qu'ils puissent comprendre les décisions et les problèmes rencontrés. Les traces sont spécifiques à leurs besoins.

Finalement, comme le présente le Best Practice de IMS, les étapes de conception des scénarios d'apprentissage proposés ne mettent pas l'accent sur les différents choix du concepteur ; seul le résultat de cette conception est prise en compte.

Pour la réutilisation, certes, il y a un moyen pour réutiliser les scénarios conçus mais il n'y a pas de moyen de réutiliser l'expertise des concepteurs.

Ces travaux s'avèrent ainsi insuffisants, Comme le cite [Villiot-Leclercq 07], « les choix pédagogiques de l'enseignant sont rarement explicités… ». Nous ne pouvons pas comprendre réellement les critères qui ont poussé le concepteur pédagogique à prendre telle décision au détriment d'une autre face à une situation d'apprentissage particulière…

A cet effet, nous allons mettre en relief le besoin d'extraire les traces des choix de l'enseignant-concepteur en tant qu'objet d'investigation pour permettre d'utiliser et de réutiliser son expertise pour la conception d'autres scénarios, en s'appuyant sur le modèle QOC (Questions, Options, Critères) du Design rationale.

3. La logique de conception des scénarios d'apprentissage

Aboutir à une logique de conception d'un scénario d'apprentissage, signifie exiger aux enseignants-concepteurs à garder leurs expertises pédagogique ou tactiques pendant la phase de conception.

La figure suivante montre l'utilisation de notre système QOC_LD dans le processus de conception d'une unité d'apprentissage avec IMS LD.

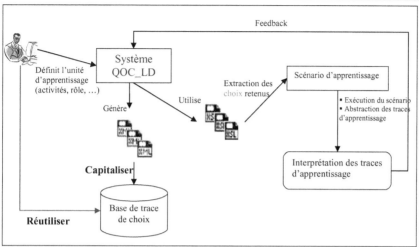

Figure 22 Processus de capitalisation de la logique de conception des scénarios

3.1 Utilisation de la logique de conception (Design Rationale)

Dans la phase de conception, l'enseignant ou concepteur pédagogique est amené à décrire son unité d'apprentissage qui peut être un cours, un module, ... en se basant sur un langage de modélisation, tel que IMS-LD. Ce dernier, aide les concepteurs pédagogiques à modéliser le contenu, les rôles des différents acteurs dans une activité d'apprentissage ou de soutien, et les services nécessaires pour atteindre les objectifs d'apprentissage. A cet effet, la définition de ces différents éléments d'IMS-LD implique comme le précise Paquette que le concepteur ou l'ingénieur pédagogique doit posséder un savoir, habilité et une certaine compétence en ingénierie pédagogique afin de mieux décrire ces différents composants du scénario.

Un ensemble de questions peuvent se poser à un enseignant concepteur lors de sa conception dont:

- Quelle activité faut-il dans une situation d'apprentissage particulière. Par exemple dans une situation de test des connaissances des apprenants : est t-il plus judicieux de prévoir une activité de questions ouvertes ou plutôt un QCM ?

- Quels sont les rôles qui interviennent dans une situation d'apprentissage pour assurer une meilleure collaboration par exemple ?

- Quels sont les services et objets pédagogiques nécessaires pour mieux atteindre les objectifs d'apprentissage ?

Chapitre 4
Capitalisation de la logique de conception
des scénarios d'apprentissage

En outre, nous supposons que l'enseignant concepteur veut intégrer même le niveau B de la spécification IMS LD, cela implique qu'il est amené à ajouter des contrôles ou conditions, afin de personnaliser son scénario. Pour cela, il doit posséder une certaine connaissance pour choisir quand mettre les conditions. Face à tous ces questionnements, il doit s'appuyer sur l'expertise d'autres enseignants plus expérimentés.

Pour répondre à tout ce questionnement nous proposons une solution dans le cadre de la logique de conception en adoptant le modèle QOC. Ce dernier permet justement de garder la trace des décisions prises, et de capturer le raisonnement associé au choix de telle ou telle solution au profit des autres concepteurs. [Lacaze 05] précise que « *le modèle QOC est dirigé explicitement vers la réutilisabilité* ».

A cet effet, notre système QOC_LD, doit offrir un moyen pour garder la logique de conception pédagogique. Le modèle QOC est traduit en un schéma XML[11]. Ainsi tous les documents XML relatifs aux différentes logiques de conception seront conformes à ce schéma. L'utilisation de XML est dûe au fait qu'il permet de structurer les informations et de pouvoir les réutiliser et traiter.

Afin de l'appliquer dans notre contexte, nous l'avons adapté à nos besoins mais bien sure en gardant la structure que MacLean a initialement définie ; c à d les termes de Question, Option, Critère ainsi que les relations entre eux.

Notre Schéma est composé de l'élément racine et de quatre parties :

L'élément racine « *QOC_LD* » englobe les problèmes (ou questions) posés pendant toute l'unité d'apprentissage. Nous remarquons l'utilisation de l'attribut *Type_Situation* qui permet d'indiquer le type de la situation d'apprentissage (projet, problème, exercice…) dans le but de trouver facilement le scénario qui nous intéresse et de mieux comprendre les raisons des choix.

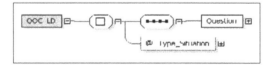

Figure 23 l'élément racine de notre Schema XML

---

[11] Le but d'un SchémaXML est de définir une classe de documents XML qui représentent des "document instance" valide par rapport aux Schéma associé

Les 4 parties représentent : l'élément *Question*, l'élément *Option*, l'élément *Critère* et l'élément *Lien_Opt_Cri*

- L'élément *Question* : cet élément est défini par les attributs suivants : *identifier*, *description_Q* qui représente une courte description textuelle de la question ainsi *Type_Elmt* qui indique à quel élément correspond cette question.

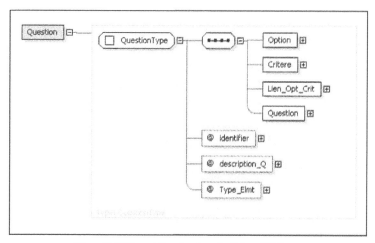

Figure 24 L'élément Question de notre SchemaXML

Puisqu'on se réfère à la spécification IMS LD, nous avons présenté comme type d'éléments : activité, rôle, environnement …comme le montre la figure suivante. L'élément question englobe les trois autres éléments successivement.

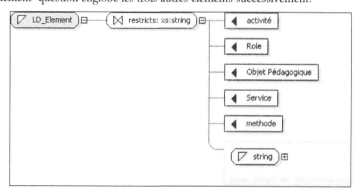

Figure 25 Structure de l'élément Type_element

▪ L'élément *Option* : cet élément possède trois attributs, un identificateur (*identifier*), une *description_O* contenant la description textuelle de l'option, ainsi que l'attribut *retenue*. Ce dernier est représenté par une valeur booléenne ; pour indiquer si l'option est sélectionnée ou choisi ou ne l'est pas. Dans la notation décrite par MacLean, l'option retenue est représentée graphiquement par un cadre autour de l'option choisie.

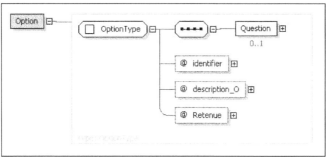

Figure 26 l'élément Option du Schema XML

▪ L'élément *Critère* : même chose que pour « Question » mis à part l'attribut Type_Elmt. On a donc deux attributs : *identifier* et *description_C*

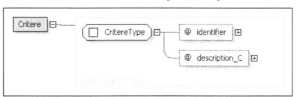

Figure 27 l'élément Critère du Schema XML

▪ L'élément *Lien_Opt_Cri* : cet élément combine une option à un critère, en les évaluant grâce à l'attribut obligatoire *évaluation,* qui prend l'une des cinq évaluations proposées par [Lacaze 05] lorsqu'il a étendu le modèle QOC en modèle TEAM. La raison est qu'il a jugé que c'est une information importante pour que les concepteurs puissent exprimer exactement leur point de vue.

  • Favorise fortement ;

  • Favorise ;

  • Reste neutre : signifie le non lien entre une option et un critère ce qui veut dire que le critère ne peut pas évaluer l'option, ce qui implique que seul les informations pertinentes sont proposées ;

• Défavorise ;

• Défavorise fortement.

Nous avons ajouté dans les deux éléments Question et Option, un autre élément question, dans le sens où une Question peut générer une sous question ainsi qu'une option peut générer une nouvelle Question.

N.B : Le SchémaXML complet est représenté dans la partie Annexe.

Ce qui est avantageux est que le fait de garder tous les choix permet à d'autres concepteurs pédagogiques de réutiliser l'expertise (à savoir le raisonnement) d'autres en bénéficiant des bonnes décisions qu'ils vont appliquer (réutiliser) ainsi que des mauvaises décisions qui représentent des solutions à éviter.

Un extrait d'un document XML vierge conforme à ce schéma est représenté dans la figure suivante :

```xml
<?xml version="1.0" encoding="UTF-8"?>
<QOC_LD xmlns:xsi=http://www.w3.org/2001/XMLSchema-instance
xsi:noNamespaceSchemaLocation="file:/E:/Article/ShemaXML_QOC
_LD.xsd">
   <Question identifier="" LD_Elmt="">
      <Question_Text></Question_Text>
      <Option identifier="" Retenue="">
         <Option_Text></Option_Text>
      </Option>
      <Critere identifier="">
         <Critere_Text></Critere_Text>
      </Critere>
      <Opt_Crit Favorable="">
         <Option_Ref Ref=""></Option_Ref>
         <Critere_Ref Ref=""></Critere_Ref>
      </Opt_Crit>
   </Question>
</QOC_LD>
```

3.2 Capitalisation (partage) de choix et construction du scénario

Notre préoccupation principale, est bien sure de capitaliser cette expertise. Pour cela, le document XML construit va être stocké dans une base de trace de décisions. Il peut être accessible par les différents enseignants/concepteurs pédagogiques dans le but d'assurer le partage de cette expertise. Cette base est considérée comme une mémoire partagée entres eux.

A ce moment, les décisions fermes (finales) prises au cours de l'étape précédente et qui représentent d'après le modèle QOC : les **options encadrées**, et plus précisément dans notre SchémaXML concerne l'**élément Option** dans lequel son attribut « ***Retenue*** » est favoriser fortement, doivent être extraites pour construire le Learning design définitif d'une situation d'apprentissage;

Pour ce faire, nous avons modélisé les mécanismes de transformation afin de transformer nos documents en unités d'apprentissage conformes à la spécification IMS LD dont l'avantage est de pouvoir l'éditer dans n'importe quel LMS (Learning Management System) conforme à la norme IMS-LD.

Enfin, nous faisons en sorte, de garder un lien entre le document XML construit dans la 1ère étape (c à d contenant toute les alternatives + choix de conception) avec le document XML généré dans cette étape (c à d ne contenant que les choix de conception). En d'autres termes, avoir pour chaque scénario pédagogique construit, un scénario que nous baptisons logique de scénario.

Cette stratégie a le grand potentiel d'avoir non seulement des unités d'apprentissage particulières, dans le sens où nous allons obtenir non seulement des designs pédagogique partageables et réutilisables par d'autres ; mais également leur logique de conception.

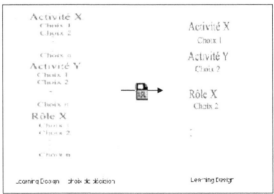

Figure 28 Rationaliser le design pédagogique

Remarque :

L'option choisie par l'enseignant / concepteur veut dire que c'est la meilleure solution par rapport aux autres et non pas la meilleure dans l'absolu.

A cet effet, nous avons annoté le document XML de la logique de conception, en utilisant dans l'élément racine QOC_LD l'attribut *Type_Situation* que nous considérons comme une information pertinente.

3.3 Exécution du design pédagogique et interprétation des traces d'apprentissage

Cette étape consiste à exécuter le scénario en utilisant des outils associés. Au cours de cette exécution, nous allons exploiter les résultats d'analyse des traces d'apprentissage pour connaître le déroulement effectif du scénario afin de comparer entre la tache prescrite (les décisions prises par l'enseignant) et la tache effective lors d'exécution par les différents rôles ou acteurs du scénario. « L'étude des traces permet l'amélioration des scénarios pédagogiques du point de vue conceptuel » [Choquet&al 07]. « Les traces de l'exécution du scénario par l'apprenant pourraient ainsi constituer aussi un soutien à la tâche de conception afin d'améliorer le scénario ou de guider l'enseignant lors de la conception d'un nouveau scénario pour les mêmes apprenants ou pour des apprenants d'un autre profil. » [Villiot-Leclercq&al 05]

3.4 Mise à jour de la logique de conception

Comme dernière étape, après la compréhension du déroulement effectif du scénario, l'enseignant-concepteur peut faire face à trois cas :

1. Valider ses choix : l'enseignant considère ou juge que les choix pris pendant la phase de conception étaient judicieux.

2. Compléter ses choix : l'enseignant remarque par exemple que l'apprenant a utilisé une ressource qui lui a permis de mieux comprendre une activité donnée. Par conséquent il est nécessaire de la rajouter dans le scénario (LD)

3. Modifier ses choix : une ressource proposée est à revoir

Ainsi le concepteur pédagogique va acquérir une nouvelle expertise qui peut être capitalisée par le biais du design rationale au profit d'autres concepteurs.

Chapitre 4
Capitalisation de la logique de conception
des scénarios d'apprentissage

4. Conclusion

Nous avons proposé au cours de ce chapitre une aide aux enseignants-concepteurs en leur offrant une trace des solutions adoptées et des options non retenues pendant la phase de conception de scénarios d'apprentissage. Le modèle de logique de conception est celui de QOC.

Cette réflexion sur la logique de conception pédagogique et son intégration dans un processus d'ingénierie pédagogique permet de capitaliser les multiples expériences de scénarisation pédagogique. En outre, elle permet de favoriser le partage et la réutilisation intelligente et compréhensive des options (décisions) prises lors de la construction des scénarios d'apprentissage ainsi que les critères qui ont été mis en avant pour choisir telle ou telle option.

Conclusion générale

Dans le cadre de ce travail, nous avons montré l'utilité de garder et de formaliser les argumentations conduisant à des prises de décision lors du design pédagogique (conception des scénarios d'apprentissage) en utilisant la logique de conception (Design Rationale) et plus particulièrement le modèle QOC.

Les principaux buts d'une telle approche sont d'accroître la qualité finale des scénarios conçus et la réutilisabilité des informations archivées lors de futures conceptions, sachant que même les options non retenues sont également considérées comme une information importante à réutiliser, car elles peuvent éviter de les rechoisir dans un contexte similaire en montrant les arguments qui ont permis de les exclure.

A cet effet, cette réflexion sur la capitalisation de la logique de conception pédagogique et son intégration dans un processus d'ingénierie pédagogique permet de favoriser le partage et la réutilisation des expériences des autres par la connaissance des options (décisions) choisies ; ainsi que les critères qui ont permis de les choisir.

Nous avons traduit le modèle QOC sous forme de schéma XML dont le but est d'uniformiser les documents XML relatifs aux différentes logiques de conception, en vue de les rendre facilement exploitables dans d'autres scénarios.

Comme perspectives, nous comptons poursuivre le travail pour :

1) réaliser un prototype permettant la capitalisation et la réutilisation des logiques de conception pédagogiques représentées avec le modèle QOC décrit avec le langage XML.

2) intégrer d'autres modèles de logique de conception.

3) Etendre la logique de conception pédagogique à autres phases du cycle de développement d'un dispositif de formation en ligne.

Références Bibliographiques

[Acte 07]	Acte du colloque scénario2007. « Scénariser les activités de l'apprenant : une activité de modélisation », Maison des technologies de formation et d'apprentissage de l'Université de Montréal (MATI), 14 et 15 mai 2007.
[Alonso 05]	Alonso M., « Modélisation, adaptation et opérationalisation de scénarios d'apprentissage », Rapport de Master 2ème année Environnements Informatiques pour l'Apprentissage Humain et Didactique , 24 juin 2005
[Buckingham Shum 97]	Buckingham Shum S., « Representing Hard-to-Formalise, Contextualised, Multidisciplinary, Organisational Knowledge». Proceedings of AAI Spring Symposium on Artificial Intelligence in Knowledge Management, P.9-16, 1997. http://ksi.cpsc.ucalgary.ca/AIKM97/AIKM97Proc.html
[Bouramoul 06]	Bouramoul A., « Une approche d'intégration des designs patterns pour le développement des systèmes de formation à distance », Thèse de Magistère, 27 juin 2006.
[Choquet&al 07]	Choquet C., Iksal S «Modeling Tracks for the Model Driven Reengineering of a TEL System», Article de recherché, Volume 14, 2007
[Chikh 07]	Chikh Az.,: « Mise en place d'un dispositif de formation technopédagogique », « Modélisation avec IMS-LD des scénarios d'apprentissage Cas d'un dispositif de formation en ligne portant sur l'ingénierie des systèmes techniques », Projet « COSELEARN », Master international en elearning (MIEL) 2007.
[Charlier 02]	Charlier B., « Maîtriser le changement, une compétence pour les enseignants et les formateurs de demain ? », Paris, 2000
[Conklin&al 88]	Conklin, J., Begeman, M.L. «GIBIS: A Hypertext Tool for Exploratory Policy Discussion». ACM Transactions on Office Information Systems, 6(4), 1988.
[Conklin&al 96]	Conklin, J. and Burgess-Yakemovic, K.C. «A Process-Oriented Approach to Design Rationale. In Moran, T.P., Carroll, J.M., eds Design Rationale: Concepts, Techniques, and Use», Lawrence Erlbaum Associates, 1996.
[Copper 04]	CopperCore. site officiel de coppercore. Technical report, 2004.
[Durand&al 06]	Durand G., Martel C., « Discussion et implémentation dans un dispositif de scénarisation, d'une évaluation diagnostique de l'apprenant », Actes du colloque Scénariser l'enseignement et l'apprentissage : une nouvelle compétence pour le praticien ?, 14 avril 2006, Lyon
[EducNet 07]	http://www.educnet.education.fr/superieur/glossaire.htm
[El-kechai&al 06]	El-kechai H., Choquet C., « Analyse d'une activité de conception collective par les objets intermédiaires », 2006
[Encarta 06]	Microsoft Encarta, 2006. 1993-2005 Microsoft Corporation.
[Faure&al 05]	Faure D., Lejeune A., « Genscen', un éditeur graphique pour

l'enseignant scénariste », Environnements Informatiques pour l'Apprentissage Humain, Montpellier, 2005

[Ferraris&al 07] Ferraris C., Martel M., Vignollet L., «Helping teachers in designing CSCL Scenarios: a methodology based on the LDL Language. International conference (CSCL). (2007).

[Faerber 04] Faerber R.. « Caractérisation des situations d'apprentissage en groupe », RevueSTICEF, Volume 11, 2004, ISSN : 1764-7223, mis en ligne le 30/12/2004, Site web: http://faerber.u-strasbg.fr/publications.html

[Giacomini 05] Giacomini E.P., « netUniversité, une plate-forme basée sur IMS LD, pour la conception de cours en ligne dans le cadre du projet CEPIAH (Conception et Evaluation des Polycopiés Interactifs pour l'Apprentissage Humain)», thèse de doctorat, 21 novembre 2005

[Gounon 05] Gounon P, « Encadrement d'apprenants à distance Étude du soutien informatique à la conception d'une Formation En Ligne fondé sur un modèle d'organisation du tutorat », Thèse de doctorat de l'Université du Maine, 2 décembre 2005.

[Guéraud 06] Guéraud V., « Une approche auteur pour les scénarios d'activités », Actes du colloque Scénariser l'enseignement et l'apprentissage : une nouvelle compétence pour le praticien ?, 14 avril 2006, Lyon

[Guillaume 06] Guillaume DURAND, « La scénarisation de l'évaluation des activités pédagogiques utilisant les Environnements Informatiques d'Apprentissage Humain », thèse de doctorat à l'Université de Savoie, 24 Octobre 2006

[IMS 03a] « IMS Learning Design XML Informational» version 1.0 Final specification, http://www.imsglobal.org/learningdesign/ldv1p0/imsld_infov1p0.html , 20 January 2003.

[IMS 03b] « IMS Learning Design XML Binding» version 1.0 Final specification http://www.imsglobal.org/learningdesign/ldv1p0/imsld_bindv1p0.html , 20 January 2003.

[IMS 03c] «IMS Learning Design Best Practice and Implementation Guide », www.imsglobal.org/learningdesign/ldv1p0/imsld_bestv1p0.html,20 January 2003.

[Karsenty 01] Karsenty L., «Capitaliser le contexte des décisions en conception », livre Management des connaissances : modèles d'entreprise et applications, p.49-69, 2001

[Koper 01] Koper R., « Modeling units of study from a pedagogical perspective: the pedagogical metamodel behind EML », (Educational Technology Expertise Centre, Open University of the Netherlands, June, 2001), http://eml.ou.nl/introduction/articles.htm. Juin 2001.

[Koper 03] Koper R. « *Combining re-usable learning resources and services to pedagogical purposeful units of learning*». In A. Littlejohn (Ed.), Reusing Online Resources: A Sustainable Approach to eLearning (pp. 46-59). Kogan Page, London 2003.

[Kunz&al 70] Kunz, W. , Rittel, H, «Issues As Elements of Information Systems». University of California. 1970.

[Lacaze 02] Lacaze X.,« La conception rationalisée pour les systèmes interactifs », article, 2002

[Lacaze 05] Lacaze X., «Conception rationalisée pour les systèmes interactifs Une notation semi formelle et un environnement d'édition pour une modélisation des alternatives de conception. », thèse de doctorat, Soutenue le lundi 20 juin 2005

[Laforcade&al 05] Laforcade P., Nodenot T., Sallaberry C., «Un langage de modélisation pédagogique basé sur uml». STICEF (Sciences et technologies de l'information et de la communication pour l'éducation et la formation), 12, Numéro spécial : Conceptions et usages des platesformes de formation, 2005.

[Lejeune 04] Lejeune A., « IMS Learning Design », Distances et savoirs 2004/4, p. 409-450., 2004.

[Lewkowicz&al 98a] Lewkowicz M., Zacklad M., « Une approche de la capitalisation des connaissances : l'analyse des processus de prise de décision collective », 1998

[Lewkowicz&al 98b] Lewkowicz M., Zacklad M., «La capitalisation des connaissances tacites de conception à partir des traces des processus de prise de décision collective », 1998

[Lewkowicz&al, 99] Lewkowicz M., Zacklad M., « MEMO-net, un collecticiel utilisant la méthode de résolution de problème DIPA pour la capitalisation et la gestion des connaissances dans les projets de conception», Actes des journées d'ingénierie des connaissances, IC'99, Palaiseau, 14-16 juin 1999.

[Lewkowicz&al 00a] Lewkowicz M., Zacklad M., « A guide through the construction of a groupware of efficient knowledge management », 2000.

[Lewkowicz&al 00b] Lewkowicz M., Lewkowicz J., « design rationale et prise de decision strategique dans l'entreprise », 2000.

[MacLean&al 91] Maclean A., Young R.M., Bellotti V.M.E., Moran T.P., "Questions, Options, and Criteria: Elements of Design Space Analysis", Human-Computer Interaction, Vol.6, 1991.

[Martel&al 06a] Martel C., Vignollet L., Ferraris C., Durand G. « Ldl : a language to model collaborative learning activities ». In EDMEDIA 2006, World Conference on Educational Multimedia, Hypermedia and Telecommunications, juin 2006.

[Martel&al 06b] Martel C., Vignollet L., Ferraris C.: « LDL : un langage support à la scénarisation pédagogique », Actes du colloque Scénariser l'enseignement et l'apprentissage : une nouvelle compétence pour le praticien ?, 14 avril 2006, Lyon

[Maufette 07] Maufette Y. « Apprentissage par problèmes », Pour le comité de Pédagogie UQAT Texte UQAM, consulté : 20 mars 2007.

[Oubahssi 05] Oubahssi L., « Conception de plates-formes logicielles pour la formation à distance, présentant des propriétés d'adaptabilité à différentes catégories d'usagers et d'interopérabilité avec d'autres environnements logiciels », 12-2005

[Paquette 02] Paquette G., « L'ingénierie pédagogique. Pour construire l'apprentissage en réseau», Presse de l'université de Québec, 2002.

[Paquette 04] Paquette G., « Instructional engineering for learning objects repositories networks », 2nd International Conference on Computer Aided Learning in Engineering Education, pp 25-36, Grenoble, France, Feb. 2004.

[Paquette 05] Paquette G., «Apprentissage sur l'Internet: des plateformes aux portails à base d'objets de connaissance », 2005

[Paquette&al 06] Paquette G., Léonard M., Lundgren-Cayrol K., Mihaila S., Gareau D.,

«Learning design based on graphical knowledge-modeling». Journal of Educational technology and Society, Special Issue in January 2006, 2006.

[Pernin 06] Pernin J-P , « Mieux articuler connaissances, artefacts informatiques, dispositifs et situations d'apprentissage : vers un modèle d'ingénierie centré sur le concept fédérateur de scénario », Journée d'étude P. Rabardel, 17 mai 2006

[Pernin 03a] Pernin J-P, « Préciser le concept de scénario pédagogique ». Conférence T.I.C. 2003(TIC'03), 2003.

[Pernin 03b] Pernin J-P, « Critères pour une typologie des langages de modélisation pédagogique ». Journée GDR I3, 7 novembre 2003.

[Pernin&al 04] Pernin J-P., Lejeune A., «Dispositifs d'apprentissage instrumentes par les technologies : vers une ingénierie centrée sur les scénarios », actes du colloque TICE 2004, p.407-414, Compiègne, 2004.

[Priolet&al 06] Priolet M., Régnier J-C., « Mise en ligne d'un scénario d'évaluation - apprentissage au cycle 2 de l'école primaire : de nouvelles compétences pour le formateur et pour le formé ? », Actes du colloque Scénariser l'enseignement et l'apprentissage : une nouvelle compétence pour le praticien ?, 14 avril 2006, Lyon

[Quintin 06] Quintin J-J, « Analyse de l'effet de deux formes de scénario d'encadrement sur le travail individuel et collectif », Actes du colloque Scénariser l'enseignement et l'apprentissage : une nouvelle compétence pour le praticien ?, 14 avril 2006, Lyon

[Rasseneur 04] Rasseneur D., « Saafir : un environnement support à l'appropriation d'une formation à distance par l'apprenant », Thèse de doctorat de l'Université du Maine, 11-2004

[Rawlings&al 02] Rawlings A., Peter R., Koper R., et Lefrère P., «Survey of Educational Modelling Languages (EMLs)», Learning Technologies Workshop Vesion 1, CEN/ISSS WS/LT, Septembre 2002.

[Sterenn 05] Sterenn A., « Le e-learning adaptatif », Rapport de stage, juin 2005

[Szyperski 02] Szyperski, C. , « Beyond Object-Oriented Programming ». Second Edition. Great Britain: ACM Press, Addison-Wesley ; 2002.

[Tabart 07] Tabart G., « Méthodes et Outils pour la Conception et la Vérification du Rendu des IHM », http://lii-enac.fr/~tabart/publications/rencontre_doctorales_ihm_07.pdf, 2007

[Villiot-Leclercq 05] Villiot-leclercq E., « Capitaliser, diffuser, réutiliser l'expertise pédagogique pour la conception de scénarios pédagogiques : des outils et des méthodes pour enrichir les pratiques dans un contexte l'enseignement à distance », CLIPS – IMAG, Grenoble, France CIRTA /Université de Montréal, Montréal, Qc, Canada, http://sif2005.mshparisnord.org/pdf/Villiot-Leclercq.pdf

[Villiot-Leclercq&al 06] Villiot-Leclercq E., David J-P, Dufresne A, « Modèles de soutien à l'élaboration de Scénarios », article Environnements Informatiques pour l'Apprentissage Humain, Montpellier 2006

[Villiot-Leclercq 07] Villiot-leclercq E., « La méthode des Pléiades : un formalisme pour favoriser la transférabilité et l'instrumentation des scénarios pédagogiques », Article de recherche, Volume 14, 2007

[www 06] http://www.activpartners.net/APsite4.1/glossaire.php#_D, « Le glossaire de la e-formation», 20 décembre 2006

Annexe

SchémaXML de la logique de conception des scénarios d'apprentissage suivant le modèle *IMS-LD*

```xml
<?xml version="1.0" encoding="UTF-8"?>
<!--W3C Schema generated by XML Spy v4.4 U (http://www.xmlspy.com) -->
<xs:schema xmlns:xs="http://www.w3.org/2001/XMLSchema" elementFormDefault="qualified">
    <xs:element name="QOC_LD">
        <xs:complexType>
            <xs:sequence>
                <xs:element name="Question" minOccurs="1"    type="QuestionType"/>
            </xs:sequence>
            <xs:attribute name="Type_Situation" type="xs:string" use="required"/>
        </xs:complexType>
    </xs:element>
    <xs:simpleType name="Liste_Element">

        <xs:restriction base="xs:string">
            <xs:enumeration value="activité"/>
            <xs:enumeration value="Role"/>
            <xs:enumeration value="Objet Pédagogique"/>
            <xs:enumeration value="Service"/>
            <xs:enumeration value="methode"/>
        </xs:restriction>
    </xs:simpleType>

    <xs:complexType name="QuestionType">
        <xs:sequence>
            <xs:element name="Option" type="OptionType" minOccurs="1"/>
            <xs:element name="Critere" type="CritereType" minOccurs="1"/>
            <xs:element name="Lien_Opt_Crit" type="Lien_Opt_CritType"/>
            <xs:element name="Question" type="QuestionType"/>
        </xs:sequence>
        <xs:attribute name="identifier" type="xs:ID" use="required"/>
        <xs:attribute name="description_Q" type="xs:string" use="required"/>
        <xs:attribute name="Type_Elmt" type="Liste_Element" use="required"/>
    </xs:complexType>


    <xs:complexType name="OptionType">
        <xs:sequence>
            <xs:element name="Question" minOccurs="0"   type ="QuestionType"/>
        </xs:sequence>


        <xs:attribute name="identifier" type="xs:ID" use="required"/>
        <xs:attribute name="description_O" type="xs:string" use="required"/>
        <xs:attribute name="Retenue" type="xs:boolean" use="required"/>
    </xs:complexType>

    <xs:complexType name="CritereType">
        <xs:attribute name="identifier" type="xs:ID" use="required"/>
        <xs:attribute name="description_C" type="xs:string" use="required"/>
    </xs:complexType>

    <xs:complexType name="Lien_Opt_CritType">
        <xs:sequence>
            <xs:element name="Option_Ref" type="Option_RefType"/>
```

```
              <xs:element name="Critere_Ref" type="Critere_RefType"/>
          </xs:sequence>
          <xs:attribute name="Favorable" type="xs:boolean" use="required"/>
      </xs:complexType>
      <xs:complexType name="Option_RefType">
          <xs:simpleContent>
              <xs:extension base="xs:string">
                  <xs:attribute name="Ref" type="xs:ID" use="required"/>
              </xs:extension>
          </xs:simpleContent>
      </xs:complexType>
      <xs:complexType name="Critere_RefType">
          <xs:simpleContent>
              <xs:extension base="xs:string">
                  <xs:attribute name="Ref" type="xs:string" use="required"/>
              </xs:extension>
          </xs:simpleContent>
      </xs:complexType>

</xs:schema>
```

Glossaire

Apprentissage	Ensemble d'activités qui permet à une personne d'acquérir ou d'approfondir des connaissances théoriques et pratiques, ou de développer des aptitudes.
Argument	L'argument permet d'argumenter (en faveur ou en défaveur) un élément du diagramme, ou une évaluation d'un lien option critère
Critère	Le critère permet d'évaluer les options il est énoncé de manière positive (exemple économique à la place de pas cher), il est mesurable/quantifiable, il peut être pondéré.
EAD	Enseignement A Distance
EML	(Educational Modelling Language)
IEEE	Institute of Electrical and Electronics Engineers
IMS-LD	IMS Learning Design
IMS	Instructional Management System.
LOM	Learning Object Metadata
Option	Représente une des solutions envisageables
QOC	Questions, Options, Criteria
Question	Elément représentant un problème
SCORM	Sharable Content Object Reference Model.
TIC	Acronyme de "Technologies de l'Information et de la Communication", qui désigne l'ensemble des technologies numériques (ordinateurs, réseaux, multimédia…)
TICE	Acronyme de "Technologies de l'Information et de la Communication pour l'Education" ou "pour l'Enseignement".Les TICE désignent les technologies numériques utilisées dans un contexte et à des fins de formation.
W3C	World Wide Web Consortium.
XML	eXtensible Markup Language
XSL	eXtended Stylsheet Language

Résumé

  Dans le contexte de la mise en place d'un scénario d'apprentissage, l'enseignant en tant que concepteur pédagogique se trouve dans des situations de choix multiples dans lesquelles il prend des décisions selon certains arguments et/ou critères. Souvent seuls les résultats de ces décisions sont consignés. Cependant, les critères qui conditionnent la prise de décision et les différentes alternatives possibles constituent une connaissance stratégique pour toute décision future dans le cadre de la conception de nouveaux scénarios ou de l'amélioration ou la correction de scénarios existants.

  L'objectif de notre travail est de tracer les choix dans la conception en ingénierie pédagogique (Learning design) en utilisant la logique de conception « Design Rationale » à travers la notation QOC (Questions, Options, Critères) pour permettre (d'assurer) le partage d'expérience en matière de design pédagogique à base de la spécification IMS Learning Design.

  Mots clés : Learning Design, Design rationale (logique de conception), QOC, scénario d'apprentissage, IMS Learning Design.

Abstract

  In the context of the accomplishment (realization) of learning scenario, the teacher as educational designer finds himself in situations of multiple choices where he takes decisions based on some (according to certain) arguments and/or criteria.

  only the results of these decisions are Often recorded. However, the criteria which condition the decision making and the various possible alternatives of the taken decisions make up a strategic knowledge for any future decision within the context of designing new scenarios or the improvement or the correction of existing onces.

  For that purpose, the aim of our work is to trace the choices in the learning design using the design rationale through the QOC (Questions, Options, Criteria) notation in order to allow and ensure the experience sharing in the learning design based on IMS Learning Design (IMS-LD) specification.

  Keywords: Learning Design, Design rationale, QOC (Question, Option, Criteria), learning scenario, IMS Learning Design.

في مجال تصميم سيناريو تعليمي ، الأستاذ بصفته مصمم بيداغوجي يجد نفسه أمام اختيارات مختلفة حيث يتوجب عليه في الغالب، نجد سوى نتائج هذه القرارت. بينما ، المبادئ و المعايير التي .

قرار و الإختيارات الممكنة لهذا الأخير تعد معلومة هامة لتصميم سيناريوهات جدد أو تحسينها أو تصحيح سيناريوهات موجودة.

من خلال عملنا هذا نهدف إلى تخطيط الاختيارات في التصميم البيداغوجي و ذلك باستعمال منطق التصميم (design rationale) QOC (سؤال ، خيار ، معيار) من أجل تأمين تبادل الخبرات في مجال التصميم البيداغوجي IMS-LD .

الكلمات المفتاحية : التصميم البيداغوجي ، سيناريو بيداغوجي ، منطق التصميم ، QOC (خيار ، معيار) IMS-LD.

www.ingramcontent.com/pod-product-compliance
Lightning Source LLC
LaVergne TN
LVHW042346060326
832902LV00006B/408